生而为人

TO BE

HUMAN

【印】克里希那穆提 —— 著　陈雪松 —— 译

九州出版社 JIUZHOUPRESS | 全国百佳图书出版单位

图书在版编目（CIP）数据

生而为人 / （印）克里希那穆提著 ; 陈雪松译. --
北京 : 九州出版社, 2023.1（2024.9重印）
ISBN 978-7-5108-8833-5

Ⅰ. ①生… Ⅱ. ①克… ②陈… Ⅲ. ①生命哲学
Ⅳ. ①B083

中国版本图书馆CIP数据核字(2020)第251409号

著作权合同登记号:图字01-2022-6430号

生而为人

作　　者	［印度］克里希那穆提 著　陈雪松 译
责任编辑	李文君
出版发行	九州出版社
地　　址	北京市西城区阜外大街甲 35 号（100037）
发行电话	(010)68992190/3/5/6
网　　址	www.jiuzhoupress.com
印　　刷	三河市东方印刷有限公司
开　　本	880 毫米 ×1230 毫米　32 开
印　　张	7.5
字　　数	150 千字
版　　次	2023 年 2 月第 1 版
印　　次	2024 年 9 月第 2 次印刷
书　　号	ISBN 978-7-5108-8833-5
定　　价	48.00 元

出版前言

克里希那穆提1895年生于印度，13岁时被“通神学会”带到英国训导培养。“通神学会”由西方人士发起，以印度教和佛教经典为基础，逐步发展为一个宣扬神灵救世的世界性组织，它相信“世界导师”将再度降临，并认为克里希那穆提就是这个“世界导师”。而克里希那穆提在自己30岁时，内心得以觉悟，否定了“通神学会”的种种谬误。1929年，为了排除“救世主”的形象，他毅然解散专门为他设立的组织——世界明星社，宣布任何一种约束心灵解放的形式化的宗教、哲学和主张都无法带领人进入真理的国度。

克里希那穆提一生在世界各地传播他的智慧，他的思想魅力吸引了世界各地的人们，但是他坚持宣称自己不是宗教权威，拒绝别人给他加上“上师”的称号。他教导人们进行自我觉察，了解自我的局限以及宗教、民族主义狭隘性的制约。他指出打破意识束缚，进入“开放”极为重要，因为“大脑里广大的空间有着无可想象的能量”，而这个广大的空间，正是人的生命创造力的源泉所在。他提出：“我只教一件事，那就是观察你自己，深入探索你自己，然后加以超越。你不是去听从我的教诲，你只是在了解自己罢了。”他的思想，为世人指明了东西方一切伟大智慧的精髓——认识自我。

克里希那穆提一生到处演讲，直到1986年过世，享年90岁。他的言论、日记等被集结成60余册著作。这一套丛书就是从他浩瀚的言论中选取并集结出来的，每一本都讨论了和我们日常生活息息相关的话题。此次出版，对书中的个别错误进行了修订。

克里希那穆提系列作品得到了台湾著名作家胡因梦女士的倾情推荐，在此谨表谢忱。

九州出版社

Don't accept anything the speaker is saying. Test it out for yourself.

不要人云亦云。对别人说的话自己要进行充分检验。

——克里希那穆提

You must become liberated not because of me but in spite of me.

你必须解放自己的思想，但并非是因为我的存在而解放，而是不管我存在与否，都要解放。

——克里希那穆提

If you really faced the world as it is, and tackled it, you would find it something infinitely greater than any philosophy, greater than any book in the world, greater than any teaching, greater than any teacher.

如果你的确真实地面对这个世界，并解决问题，你就会发现世界之高深超过任何哲学，博大超过任何书籍，深刻超过任何教义，伟大超过任何导师。

——克里希那穆提

目　录

编者[1]序

没有界限的哲学

当我们谈到“哲学的复兴”时，它意味着什么呢？意味着将哲学再次与你我的日常生活方式联系在一起，还意味着用我们完全可以理解的语言来表述哲学的内涵。反过来，这就需要哲学家具有一种热情，以便尽可能清晰和全面地表达自己的见解。

不具备这种资格的人就不必参与哲学的复兴了。

哲学的复兴还要求在使用“哲学”这个词时，使用其原始和真正的意义——爱智慧。人们可能会意识到，“哲学”这个词平时用得很少，但仍然出现在《简明牛津英语词典》当中。1995 年出版的这部词典对“哲学”的解释是：“经验、知识以及对其进行批判运用的能力。”该词典前一版的解释是：“聪明地运用知识。”

这些定义与克里希那穆提的核心观点——我们暂时称之为他的“哲学”——令人惊奇地相似！他一次又一次地指出，需要时再运用知识与经验是十分重要的，因为不需要知识与经验时，生活会要求我们审视之后再行动。的确，这听起来并非那么简单，它对于我们观察与行为的方

① 大卫·斯凯特（David Skitt）。

式具有深刻的暗示，不管是涉及个人生活，还是社会和政治领域。这些暗示以及妨碍人类大脑在已知和未知领域正常与协调工作的机理，正是克里希那穆提所不懈探索的。

克里希那穆提还是一位本义上的哲学家，因为他再次掀起一场关于真理本质的讨论，这种讨论历史上古已有之。对此，有些人似乎认为这简直是无可救药的过时与天真，而另外一些人则是期待已久。但总的来说，尽管彼拉多[①]曾经说过表示怀疑的话："什么是真理？"但在众多的实际问题上，我们都关心什么是真的，什么是假的，其中既包括个人关系的对与错，也包括国家之间争端的对与错。不管是否喜欢，真理的概念闯入了我们的生活。同样重要的是，几年前一家主流出版社对一般读者进行了一项调查，以了解什么问题最让其感兴趣，最后发现真理位居首位。

同样清楚的是，美国公众对电视报道的 O.J. 辛普森案庭审表示密切关注，至少有一部分是因为观众有机会对证据进行权衡，以辨明真理。最引人注目的一件事，是控方出示了一段表明科学严密的录像，录像中一位法学家在一条马路上发现了一处血迹。当录像结束时，被告及其辩护律师立即要求重放这段录像，并宣称该录像恰恰证明了这位法学家的无能。这足以让任何陪审团迷惑不解，毫无疑问，这件事显示出人类认识的关键性问题——我们不一定按照同一种方式去寻找什么是"真的"。这种现象有时并没有什么关系，可以使世界变得丰富多彩，有时我们会发现这让我们感到困惑和烦恼，但有时也会导致人类消灭自己的大量同类。

---

① 钉死耶稣的古罗马犹太总督。——译者注

因此，有人可能会认为，通过探求真理这个问题，克里希那穆提回到了哲学的根本。然而，在前进的道路上，他打破了我们这个时代在哲学、心理学、科学与宗教之间极为严格的学术界限。克里希那穆提会提出来自人类活动的任何领域的任何问题，认为这些问题关系到我们看待自己、他人、生活和宇宙的方式。大家不必为感受那种让人欣喜的自由感而去同意他的看法。①

克里希那穆提明确反对别人将自己称为哲学家，并且极为尊重哲学的本义，即“一个人在日常生活中对真理和智慧的热爱”——本篇介绍的标题中所使用的正是这个意义。他为什么反对现在通行的“哲学”用法呢？这也许在他 1986 年去世前几年的一次谈话中可以发现一丝线索。他曾将这个问题向他的读者提了出来：“什么东西超越时间的范围？什么东西是一切创造的源泉？”我们许多人发现这是一个非常有趣的问题，而有些人则马上认为这是个形而上学的问题而不予考虑。他的回答是什么呢？读者期待着，但他没有给出回答，相反，他探讨的是能够研究这一问题的人的本质。

在这个专家充斥的年代，我们并不习惯这种做法。如果我们参加一堂关于现实本质的哲学课，或是看一场关于人类大脑与计算机区别的讲座时，我们期待的是解释与回答。我们不想听到关于大脑特征的论述，尤其是如果我们受过许多正式的、费用可能非常昂贵的教育。我们可能会感觉有些失望，甚至感觉受到冒犯。

---

① 从这个意义上说，值得注意的是 1974 年版《麦克米伦哲学百科全书》中关于哲学一节的结论。约翰·帕斯莫尔写道：“哲学中存在着许多种研究类型，有的非常详细，有的非常全面。一个哲学家试图解决某个具体问题时，是否越过哲学的全部范围，不是一件重要的事情。最终，重要的是问题，而非学科之间的划分。”——原著注

当代哲学家通常认为自己的任务是阐述自己的语言分析、理论和概念，而这相对来说也并不费劲。他们不会暗示学生首先要有一种精神状态，研究这些问题要在这种精神状态中进行。但是，这正是克里希那穆提反复暗示的。[①] 因此，大家的第一反应也许是发现这种暗示自以为高人一等，甚至傲慢无礼。但是，请看一下目录前面的引文所列克里希那穆提的语录。第一句语录主张读者应该具有检验和挑战克里希那穆提所说的话是否正确的能力；第二句警告不要把他当作权威；第三句则宣称生活是我们所有人的最高导师。请注意，这三句语录都非常尊重普通大众而非仅仅某位精英人士的实际和潜在能力。

* * *

克里希那穆提哲学的一个主要特点是,他强调要“验证”“怀疑”“质疑”，甚至“将其批驳得体无完肤”。实际上，这意味着用我们日常生活的经验来验证他为我们提出的建议是否是真理。他认为，如果不这样做，我们得到的就是一些“语言灰烬”。但是，在验证的方法上也许会存在一些困难。人类喜欢崇拜某个人，喜欢将政治领袖和宗教救世主偶像化，喜欢在情感上皈依于某些信仰，喜欢“信仰宗教”，而这种倾向也导致

① 这并不违背当代对哲学的学术性解释。1994 年版《牛津哲学词典》指出 :“在哲学中，我们用以研究世界的概念，其本身也成为探究的话题。”该词典将其作为普遍原理，但同时指出 :“在不同时代，对于建立一种纯粹的或‘第一位’的哲学或多或少都有一些乐观情绪，都带有先验主义倾向。这种观点认为，他人的思行实践可以被公正地评估，同时要进行逻辑评估与修正。20 世纪末的主体精神反对这种可能性，将哲学思考视为是任何领域知识探索的最佳实践。”——原著注

了大范围的冲突与纷争。值得一提的是，哲学家埃利希·弗洛姆[①]令人信服地指出，上帝、宗教界知名人士，甚至政治独裁者都会变成父母式的人物，即那种我们从未拥有过的无私地爱着我们并有一种威严感的父母。弗洛姆还从这种倾向中发现了一种对于权威的受虐狂式的服从，最近英国广播公司的一则报道正好证实了这种观点。报道称，一名俄罗斯人因发表反苏言论被囚禁在西伯利亚长达15年。该俄罗斯人称，他曾手抓着门框，为斯大林的去世而流泪。几年后，他才恍然大悟，让他坐牢的正是斯大林。

因此，毫不奇怪，尽管克里希那穆提曾试图劝说大家不要这样做，但在一些人的眼中，世界导师或救世主的光环总是围绕在他的周围。

> 如果你的确真实地面对这个世界，并解决问题，你就会发现世界之高深超过任何哲学，博大超过任何书籍，深刻超过任何教义，伟大超过任何导师。
>
> 我是否是世界导师，或是救世主还是其他什么，当然并不重要。如果这对你来说非常重要，那你就不会明白我所说的真理，因为你会通过标签来做出判断，而标签是靠不住的。有人会说我是救世主，有人会说我不是，这时你会怎么办？重要的是通过检验来弄明白我所说的是不是真理，弄明白它在日常生活中是否被证明是有效的。

---

① 埃利希·弗洛姆（1900—1980），著名德裔美籍心理学家、精神分析学家、哲学家，是20世纪20年代“法兰克福学派”重要成员。一生创作了大量学术著作和普及性作品，其中影响最大的有《爱的艺术》《逃避自由》《健全的社会》《精神分析的危机》等。——中文版编者注

> 讲话的人代表的是他自己，并不代表其他任何人。他也许是想错了，也许是在装腔作势，但你并不知道。因此，要持怀疑、疑问和质疑的态度。

但对于许多人来说，这种神秘仍然笼罩着他们，而且对于某些人来说，这是至关重要的。没错，无论以什么样的传统标准来衡量，他本人和他的生活都是极其特殊的。他的存在被许多人认为是在传递着一种宁静、活力和生命力；而对于与他最为亲近的一些（不是全部）人来说，他的存在就是无私的爱。但是，这些人又是如何对待或解读自己对于这种自然散发的超凡魅力所做出的反应呢？亲近杰出人物时会有多大程度的自我暗示或兴奋呢？他们是不是有一种自我诱导的"快感"，从而听不到他的话语呢？如果你满怀热情地将某个人视为"世界导师"，你也许会担心失去这种热情，担心怀疑和质疑是一种背叛行为，即使这位导师不断地敦促你这样做。在克里希那穆提的生命晚期，他曾说，那些与他极为亲近的人一般来说并不明白他所说的话——"更多的是个人崇拜，是个人感觉上的亲近。"很多证据表明，如果一个人亲近一个他所敬畏的人，就会严重破坏其带有批判地看待问题的能力。

对于从未亲眼见过或亲耳倾听过克里希那穆提讲话的人来说，这种问题仍然存在。正如他自己所说，他讲话的方式是"强调式的"，比如他所说的"显然"这个词，一般都跟在大家感觉不太明白的建议之后，而他的这句话也许是在故意引起大家的注意，以提醒听众不要自鸣得意。当然，他说过的许多话中都有一种权威感。根据渴望确切答案的程度，一个人也许会不加批判地加以接受，过后则会产生心理上的"消化不良"。

正如下面这个例子，就需要认真考虑具体情况。

“新的思想形成并爆发出来。”像这样的话可能会有一种令人兴奋、甚至诱惑的特点，让人产生一种无边无际感和满足感。于是想法便产生了：拥有那种思想肯定会非常棒。但是，这很容易让人对接下来的话略过不听：“这是一件非常艰苦的工作，需要不断地观察。”接着，就是对这种观察需要什么进行详细的解释，其中提出的要求也十分苛刻（参见 1961 年 3 月 12 日在孟买的讲话）。

换句话说，在阅读克里希那穆提的著作时，很容易因为对“归宿”的美好憧憬而兴奋不已——而这实际上，他警告说，仅仅是自己当前有限经验的主观狭隘的投射而已。但是，这也许要比客观地查明这种经验的深度——“观察”它——以便从经验中学习更让人感觉惬意。

其他困难来自语言无法准确传达我们普遍认为是重要的概念。诸如“智慧”和“自我”这样的概念会马上跃入脑海中。虽然克里希那穆提使用的词汇非常简单，但是在第一次甚至以后的阅读中，理解起来并非易事。正如他自己所说，“你必须了解我所使用的词汇，了解词语背后的意义。”从某种程度上来说，这反映出所有心理学家和哲学家在描述我们大脑活动复杂而微妙的方式时所遇到的困难。有些人想表达他的新想法，通常会创造出一些新的概念，并对其进行定义。克里希那穆提慎重地否定了这种做法，但在 20 世纪 30 年代明确提出，他将以一种特殊的方式运用语言。他还提醒听众，语言有其内在的局限性。

> 语言只有在传达其背后思想的真正含义时，才有价值。你不能描述一个语言无法描述的事物。但不管怎么说，必须要使

用语言，就像画家在画布上用颜料来表达他所看到的重要景象一样。但如果你仅仅是关注绘画技巧，那你就不会看到画家所希望表达的重要思想。我在谈话中赋予语言以新的含义，如果你们仅仅关注其中的语言，那么理解起来便会有困难。你们必须超越语言，争取抓住我赋予这些语言的意义，而不是按照你们所希望的意义去理解。

由于大多数人都有一些固定的思维习惯，把每一种出现在面前的新思想都解读成这种思维习惯，所以很自然，我很难用旧的词语解释新的事物。然而，我必须使用普通的语言。我不能发明一种新的语言，但可以赋予我所使用的语言以新的含义。如果你把语言当作一座桥梁，以便达到理解的目的，那么语言便会具有一种非常明确的价值；但如果你陷入语言的牢笼之中，那语言便毫无价值。

克里希那穆提反复指出，“语言不是事物本身。”语言不是所指的对象。对于外部对象来说，这似乎简单极了。词语“桌子”不是桌子本身。在日常用法中，我们都可以认为“桌子是什么”不是一个问题。但是，对于心理状态与过程来说，情况要复杂得多。例如，对于“无聊”这个词，我们可以给出其在词典中的定义，可以在交谈中流利地使用它，但这需要与对于“无聊是什么”的真正理解明确区别开，因为这种理解仅仅来自这种状态的实际体验，来自对其心理暗示进行的充分研究。

我们知道，同一个词——“爱”就是一个最好的例子——使用时可以是巧言令色，也可以是表面文章，或是状态本身的程度指针。在克里希那穆提强调的关于交流的重要问题中，有一个就是“交流者”——比如说两个一起谈话的人——对其所讨论的问题是否具有同样程度的关注。如果他们都非常关注某件事,非常想交流,那么合适的词语便会出现。但是，当一方动情地使用一些词语，另一方同样动情地倾听，这些词语便具有了一种强烈的、令人不安的、神经性的效果，这时便会出现交流上的障碍。此时这些词语不再是指针，不再扮演其本来的角色，像变魔术一样，似乎变成了其所指向的事物。政治上，像“国家主权”和“自由”这样的词就是这种容易颠倒的好例子,它们被用于控制与操纵。但是,并非只有政治家以这种方式来使用词语。克里希那穆提认为，我们都需要警惕语言这种东西，要挖掘其背后的真正含义。

本书第二部分是“语言与意义”，其中给出了一些克里希那穆提赋予其以“新”义的“旧”词。除非读者第一次便注意到这种创新的语言运用，否则他的许多话语便会显得含混不清，使人迷惑不解。他这种不同寻常的运用语言的方式，在一些关于语言的一般性文章中都得到了佐证。

* * *

回答问题——或者向自己提出一些极为重要的问题——并解决问题，在克里希那穆提看来，要取决于我们的观察，观察的对象既包括内心世界，又包括外部世界。简言之，就像科学家必须十分注意用于观察亚原子粒子的仪器的质量，我们也需要注意——而且要不断地注意——我们内心的质量与清澈。这种关注并非像每天仅仅半小时的慢跑那样轻松，而是需要尽可能地经常进行，不带任何目的，而且需要全身心地投入，为清澈而清澈。

这可能吗？我们知道，当我们怀有某种雄心壮志时，我们可以为之付出无限的精力。弗朗索瓦·密特朗[①]曾解释说如何成为法国总统——“一位总统的产生要 20 年，你必须为之放弃一切，从你穿上袜子那一刻起就开始关注它，直到上床睡觉。”因此，这要看你把精力放在什么地方。有意思的是，密特朗的话与克里希那穆提的观点形成了鲜明对比，“显然很少有人会具有那种热情，将自己投入对整个人生的理解中。相反，大家将全部精力都放在了零星的事情上。”

* * *

克里希那穆提经常说，他只能“指向那扇大门”。此时，我们必须起来打开这扇门。我们必须是完全自愿地去做或不去做。因此，如果这扇门打开了，还需要做什么呢？克里希那穆提怎么可能会宣称他并非是在推荐某一种系统、方法或做法，而且绝不将自己树为权威呢？

回答这些必答题的唯一办法，就得从我们用眼睛观察周围世界的方法开始。现在有些心理学家和神经科学家认为，视觉刺激的感知可以认为是寻求知觉信息的最佳解读，而且从认知角度来看，一个被感知的物体就是一个由感知信息提出的假设。因此，在感知信息看来，感知并不是一个感知这些信息的被动过程，而是一个观察和测试其提出假设的主

① 弗朗索瓦·密特朗（1916—1996），前法国总统。1939 年应征入伍，“二战”时受伤被俘，被囚于德国中部一集中营，后越狱成功，潜逃返法，参加地下抵抗运动。1971 年当选为社会党第一书记。1981 年当选为法国总统。——中文版编者注

动过程，以找到与感知信息最为一致的假设。

这种观察与假设测试法在科学中被经常使用，如果结果证实是对的，那就以此为基础来判断什么是科学的真实。虽然没有科学的严密，也不必担心产生相同的结果，但我们在日常生活中都在简单地运用着同样的基本过程。“我想看看是开车上班快，还是坐火车快。”“换个插头，看看灯会不会亮。”“如果我现在加班,到时看看是否可以在 7 月休假。”“如果我请一个不与我合作的同事喝酒，也许会改善和他的关系。”这是一个自然和必要的过程，我们都需要运用这种过程，以便使我们的日常生活变得合理和高效。因此，研究克里希那穆提的一个方法，就是认为他给我们提供了一些关于人类大脑工作方式的假设，而我们每个人都可以对人类大脑进行测试。

这里所提出的方法是超越国界和跨文化的，与科学一样在方法上具有通用性，但运用在一个完全不同的领域——我们处理日常事务的方式。这并不是说需要寻求科学的帮助，但可以视为是“科学的朋友”。因为不管在任何人类社会与文化中，不管他们的主流宗教和政治信仰是什么，都必须提出假设并对假设的真实性进行检验。克里希那穆提正是将这种自然能力视为一种最重要的东西，并呼吁我们运用并加强这种能力，要求我们思考在我们要提出和检验的假设中，哪个假设最重要。

* * *

据克里希那穆提所说，人类在观察自身内部以及周围发生的情况时会产生一个特定的问题，真的有这个问题吗？如果我们没有在冲突与迷惑中失去生活所需要的明确与客观性，那又是什么让我们失去了这些呢？在这个问题上，他又提出了什么观点让我们检验呢？

在克里希那穆提所做的几乎每一篇演讲中，他都使用了“观察者处于被观察之中”这句话，并提到“没有观察者的观察”。如果不进行最起码的心理实验，很可能无法理解他提出的这些和其他主张。要充分理解这些主张的意义，就必须对其进行检验。在本书第三部分的一些段落中，克里希那穆提指出了进行这些检验的方法。这里对这些主张进行总结梳理也许会有些许助益。

在顶点（也称第一阶段）感受中，比如强烈的愤怒或喜悦，我们并不会意识到自己与所感受到的东西是分离的。我们不会去衡量自己的愤怒有多少，不会下决心将来不再发火，也不会找到发火的正当理由。在高兴时，我们不会考虑下一次喜悦会是在什么时候出现。在这两种情况下，我们和感觉是一致的。但是，当顶点感受平静下来时，在第二阶段，一种二元性，一种分离，一种分裂发生了，并表现在如下这些想法中，如“我不应该发脾气”，或者“某某事值得做”等。在不愉快的情况下，比如孤独，还可能会有逃避的想法，如打开收音机，喝杯饮料，给人打电话，从而驱除不快，增强再次遇到不快的承受力。经过快乐的顶点感受之后，我们通常都会有一个深刻的思考过程，反复咀嚼，总想再次获得这种感受。

第二阶段发生的事情，在克里希那穆提看来是一种精神矛盾性分裂。此时出现了一位假想的“观察者”，这位观察者将他自己与其所感受到的分离开来。克里希那穆提认为，这条裂缝正是他自身、他与其他人以及各国之间无休止冲突的根源。怎么办呢？他的回答是：“没有办法。”

他只是建议，当这些思想与意象出现时，应该“与其共存”。这意味着不逃避，不指责或辩护，不寻求改变或消除这些思想与意象，而是“像怀里抱着婴儿一样拥抱它们”，小心翼翼，充满感情，还带着好奇。这种不带判断的观察，或者用克里希那穆提的话说，“别无选择的体认”，意味着在思想上不再列举自己的感觉，因为这种列举带有我们已往经历的沉重负担，而这些以往的经历又决定着我们目前的感受。

在这种别无选择的体认或“没有观察者的观察”中，思维与意象消退了，就像水搅混后又恢复平静一样。然而，这种平静是富有活力的平静，从中可以洞察所感受到的思维与意象的真正意义、起源、活动与局限：如果人的大脑没有经过指责和辩护便认识到自身的局限，并且完全认识到自身的局限，那么你就会发现自由从局限性中产生了。在这种自由当中，你就会认识到真理。

现在的书籍作者根本不关心其摘要是否谈到这个重要问题，而这个问题贯穿着克里希那穆提的全部作品，并对我们审视自身、他人和大多数生命的方式具有一定的暗示。尽管如此，如果摘要促使读者阅读克里希那穆提关于这个问题的文章，并用日常经验对其加以验证，那这篇摘要就起到了其应有的作用。

这里也许可以提一下，克里希那穆提经常将这种探究称为是一种需要“具有一定严肃性和幽默”的活动。关于“没有观察者的观察”，他说：“这是别人无法教你的，而是来自你自身的观察，来自长期始终如一的观察。嗯，如果你不责备或辩解，而是观察‘是什么’，那是非常有趣的。”他还将其中所涉及的学习描述如下：“学习和看到新鲜事物是非常有趣的。如果你对自己有了重大发现，你就会感觉充满了活力，而如果其他人对你有了发现并告诉你，那感觉就不是这样了，就成为二手的了。当你学习时，看到完全新鲜的事物是非常有趣的，就像发现一种新的昆虫，一种新的物种一样。研究大脑是如何工作的，理解其中的微妙之处，学习这些都是非常有趣的。”

＊＊＊

克里希那穆提说了什么新的内容吗？

就东方国家的一些资料而言，佛教专家如达赖喇嘛和《大英百科全书》关于“佛”这一部分的作者瓦尔波拉·拉胡拉，[①] 均对克里希那穆提著作的重要性表示了肯定。吠檀多派[②] 学者如维卡特萨南达，也对其表示了肯定。

西方的态度要更加多样一些。他的著作被列入美国 200 多所大学及学院的教学大纲，并成为英国、法国和德国博士论文的选题。除了教育理论，如最近出版的著作《反观自我》(马里兰州大学哲学教授雷蒙德·马丁编)，生命个体显然是西方经典和当代哲学与克里希那穆提的著作涉及最多的共同领域。此外，正如马丁所说，克里希那穆提可以说重新使用了苏格拉底的提问法。在英国的传统哲学中，从贝克莱、休姆到 F·H· 布拉德利、伯纳德·威廉斯、德里克·帕菲特，关于自我这个问题一直存在着争议，而这个问题也正是克里希那穆提所关心的。

但是，在表达与方法方面，两者存在着很大差别。因为虽然克里希

① 瓦尔波拉·拉胡拉，《大英百科全书·佛陀篇》作者。——中文版编者注

② 印度婆罗门教六派哲学之一，是印度哲学史上占统治地位的唯心主义哲学派别。亦称“后弥曼差派”或“梵弥曼差派”。吠檀多的意思是“吠陀的终极”，原指奥义书。——中文版编者注

那穆提写过几本书，但他最喜欢的表达方式还是演讲，而不是书籍这种正式的形式，演讲可以反映生命的发展变化和不确定性，反映动态而非静止的意象。更重要的是，他敦促他的倾听者在观察自己、他人和生命时，要抛弃所有权威，包括自身的经验。他自己对“您的学说中有什么新的内容？”这一问题的回答清楚地说明了这一点。

> 自己找要比我说“有”或“没有”重要得多。这是你的问题，不是我的。对我来说，所有这些完全都是新的，因为真理每时每刻都需要去发现，而发现后却不能贮存起来，而且也不能在经历之后可以作为记忆保留下来——这等于是用旧瓶来装新酒。真理必须是人们在日常生活中发现的，对于发现它的人来说，它就是新的。但是，大家总是将一些话语与一些圣人的话做比较，如商羯罗、[1]佛陀或基督。你会说：“所有这些人以前都说过，你只是用现代语言表达出来而已。”这样很自然，对你来说没有任何新的内容。只有当你不再进行比较，你的大脑没有别的内容，思维清晰，没有受到现代哲学或古代律法的影响、控制和强迫，这样你才会发现到底有没有新的、永恒的内容。但这需要魄力，懒惰散漫是不行的；需要毅然决然地忘掉曾经读过或知道的关于真理或上帝的内容。

学院派哲学家和心理学家从根本上反对这种观点，认为这种方法过于依赖内心的观察与感觉，并以他人难以获得这种观察与感觉为由，认

① 印度中世纪著名经院哲学家，吠檀多哲学的集大成者——译者注

为所有这些本质上都是主观的，无法用客观或科学的方法加以验证。因此，这种方法并不是探究真理的正当方式。

然而，这样的论断引起了很大争议。尽管有人认为这种方法是主观的,但也有人提出了相反的看法。首先,从常识上看。对我们所有人来说，我们观察自己与他人的方式以及我们感觉的多样性与特性，对于我们体验生活的方式来说极为重要。从本质上说，这就是生命的意义。除非我们对自我探索以及从遇到的一些事情中发现真理的能力有自信，否则我们根本无法活下去。如果在什么是真理这个问题上无法达成一致，那人与人之间的关系以及整个社会都将解体。

那接下来的问题就是：一个人能否根据自己的经验创见性地阐明我们大家都需要的思维能力——比如说，思路清晰——并指出是什么从根本上限制着它？克里希那穆提对这个问题的回答是两部分：首先，怀疑、质疑和挑战我所说的话；其次，通过实践来检验我所说的话。整个问题又抛回给我们每个人。我们需要具有怀疑精神,他说,需要自己寻找答案。

克里希那穆提以谈话、讨论和著作形式留下的文字遗产估计相当于400部中等厚度的著作。在所有这些著作中，大约50部主要著作已编辑出版，并被译成多种语言。此外，在他的一生中，他在与他人谈话时进行的严肃辩论可能比任何人都要多，但许多这样的谈话都没有记录下来。

因为数量众多，且有些尚不为人所知，所以写篇短文介绍他的著作极其困难，除非一味蛮干。此外，不管选择哪些著作，都会违反介绍的本意。但在绝望前，编者发现了一根救命稻草。1980年，克里希那穆提应邀写了一篇篇幅仅一页的关于自己作品的概述，他本人称之为自己学说的“核心”。

因此，本书一开始就是这篇概述，之后选编了一些对其进行详述的篇章。也许有人会认为这本书到这里还不错，干净利落、简明扼要。从某种角度上说，的确如此，但还是需要某种前提条件。

需要前提条件是因为任何长期研究克里希那穆提的“学说”或如他自己所说的“不管称其为什么”的人，都会遇到其本质在不断显露和深化、一直处于动态变化的思想。这个本质一部分是来自于他对世界上新的和未知事物的强调，他认为这些正是人类生活中至关重要和不断进步的方面：“生活是未知的，因为死亡是未知的，因为真理是未知的。”因此，生活中的每一刻都有新的事物产生，难的是观察这些新事物。

对于克里希那穆提来说，生活中那些新的、未知的、不可预测的事物需要投入全部精力来加以关注，但不会受到过去经验的影响——虽然他在关注时知道何时使用这些经验。

认为生活是创造性地学习、是完全崭新的，这种观点，会使某些读者失望。他们希望从中找到的是像金字塔一样亘古不变的关于人类生活的一整套结论。但他们找到的是关于我们感知生活、感知自身和他人的方式的论述。而这种方式，克里希那穆提认为，如果经过我们的验证并发现是对的，那么将会打开通往对生活浩瀚无边的认识的大门。不过，首次阅读本书的读者应该注意，克里希那穆提在论述这些经得起非教条式检验的观点时，其风格是强调式的。

一篇介绍性的文章与该作者所论述的内容不相协调还有一种表现形式。克里希那穆提那些经得起检验的论述，与对作为一个整体的自身、他人和生活的认识显然是密不可分的。现在，我们认识这些事物的方式通常要比精读一本书随意得多。生活中我们会遇到出乎意料的事情，生活会按照自己的方式而非我们的设想教给我们经验和教训。书籍主要吸引人之处就在于，其行文结构似乎是为了安慰我们而为这个变化莫测的世界赋予了某种条理。此外，读一本书时，我们在拿起、放下、浏览它时掌握着主动权。我们处于控制地位，当然是控制着这本书，而不是生活。然而，对于至少是某些读者来说，克里希那穆提那些出乎意料的论述使人感觉其中的条理并没有充满让人难以理解的书呆子气。

本书的最后部分包含一系列摘要，这些摘要描述了三种简单的做法："常问'是什么'""提出而不回答重要问题"和"未知之美"。你也可以称之为"无为而不为"。这些仅作为例证提出，而非权威指南。这三种做法可以看作人类的自然能力，而不是人们所谓的新发明的方法或技巧。从某种程度上说，我们已经在运用这些能力，实际上是不得不这样做。在亲人去世时，我们知道感到悲伤是健康和正确的，而逃避和强忍悲痛是不对的。对于"承认自己不知道"的重要性，我们许多人早就从中学或大学老师那里听到过了。而像将问题留到以后解决、后来找到解决办法这种事情，我们所有人都曾经做过。

因此，克里希那穆提这里所提出的建议，从某种程度上来看可以说非常简单——从更广阔和更深远的层次上运用思维的自然能力。然而，对他来说这并非是提高能力的问题，而是一种紧急和迫切的需要，是生活需要我们做的。正是对这些能力的忽视导致了冲突和不幸的产生，在这些冲突和不幸恶化之前，我们需要意识到并弄明白这种忽视产生的原因。

本书的结尾部分是一些引文，其中涉及的问题经常出现在关于克里希那穆提作品的讨论中。

最后，对于克里希那穆提所说的，人们愿意在多大程度上去验证，这要看他们是否会认为阿尔伯特·施佩尔[①]的问题——“只看想看的，只知道想知道的”——不仅仅是这位德国第三帝国部长的问题，而是我们所有人都迷惑不解的一个问题。并非所有主观狭隘的看法都像施佩尔的这个问题一样冷酷无情，但我们许多人与他人产生过冲突和纠纷，因为我们没有或不想用同样的方式看待同样的事情。因此，人类的许多生命和能量消失在痛苦和毁灭性的矛盾冲突中，这其中既有个人之间的冲突，也有国家之间的矛盾。最终，研究克里希那穆提所提出的问题，还要看你是否赞同以下观点：对自己、他人和一般意义上的生命予以理解并充满热情是生活对我们最主要的要求，同时也是人类的本质。

① 阿尔伯特·施佩尔(1905—1981)，德国建筑师，纳粹德国时期的装备部长以及第三帝国经济领导人，纽伦堡审判中被定为一级战犯。——中文版编者注

第一章

学说的核心

倾听

我希望你们能耐心地听下去。交流是非常难的，因为词语有着确定的意义。我们有意识地接受某些定义，并试图根据这些定义将我们所听到的进行解读。但如果我们对每个词都下定义，并且没有争议，交流则处于有意识的层次。我认为，我们所讨论的问题不仅仅要从意识层次上去理解，还要理解其中的含义，要下意识地、深入地理解，不用公式化的定义。倾听时要深入生命的全部本质当中，这要比仅仅沉浸在肤浅的解释当中重要得多。如果我们用这种方式倾听，用我们的全部生命去倾听，那倾听本身就是一种冥想。

你在倾听时不能感觉特别费力或艰难。用全部生命去倾听是一件非常困难的事情——更确切地说，大脑不仅要倾听词语，而且要能够理解词语之外的意思。仅仅对思想意识进行判断并不会发现或明白真理。思想意识永远不会找到什么是真的，它所能做的是选择、判断、衡量、比较，但比较、判断或鉴别本身并非是在揭示真理。这就是为什么学会如何倾听是极为重要的原因。当你阅读一本书时，你也许会根据自己特定的意向、知识或个性对其进行解读，这样就不会明白作者想要表达的全部内容；但是，要想明白别人的想法，倾听时你的思想意识就不能抗拒，即使想与其辩论、讨论或分析。当我们涉及不仅需要对词语进行定义和肤浅的理解，而且要更为深入地理解其本质时，辩论、讨论、分析就成为了障碍。这种理解，这种对真理的理解，就要看如何倾听了。

人在倾听时可以不带任何结论，不做任何比较或判断，仅仅是倾听，就像听音乐，听自己喜欢的东西一样。这样，你倾听时就不仅仅是在用大脑和智力，而是用心灵，你会小心翼翼，客观，头脑清晰，并且注意随时发现真理。

我认为有一种倾听的艺术，即倾听时完全不带任何动机，因为动机会分散注意力。如果你在倾听时聚精会神，那无论是自己的思想还是他人所说的话，都不会抗拒——这并不是说你会被言语所迷惑。但正是这种极为安静的心态才会发现什么是真理，那种极为活跃的、不断猜想和抗拒的心态是不会发现的。

我不知道你是否试过这种方法，即倾听别人的谈话，找到他所说话语的真正意义，不是用头脑带着强烈的怀疑去听，而是没有任何抗拒地倾听——这并不意味着接受，而是深入和全神贯注地倾听，这样倾听本身就会完全改变大脑的思维模式。

学说的核心

克里希那穆提学说的核心包含在他 1929 年所发表的言论中，当时他说的是:“真理是一片无路可走的陆地。”① 人类无法通过任何机构、教义、信仰、牧师或是仪式到达这片陆地，也无法通过任何哲学知识或是心理学技巧实现这一目的。他必须通过关系的映射，通过对自己思维内容的理解和观察，而非智力分析或是自我剖析来发现真理。人类必须用各种各样的图像——宗教、政治或个人方面的——在心中筑起一道安全围栏。这些图像表现为各种符号、想法或信仰。这些图像的职责是控制人类的思考、人际关系以及日常生活。这些既定的图像给我们带来了许多问题，正是它们将人与人区分开来。人类对生活的理解是由已经构建于思维当中的各种概念所塑造的。意识的内涵就是他的全部存在。这一内涵普遍适用于所有人类。而人类的个人特征则关乎他由传统和环境中所获得的名字、外形以及表层文化。然而，人类的特性并不存在于这些肤浅的事物当中，而是在于其由意识的内涵中所获得的完全彻底的、普遍适用于全人类的自由。由此可见，人类并非是单一的个体。

① 这一总结起初由克里希那穆提本人于 1980 年 10 月 21 日所写，刊载于约翰·穆雷有限公司 1983 年出版、玛丽·鲁琴斯所著的《克里希那穆提：成功时刻》中。后来重读这本书时，克里希那穆提又加入了一些语句，一并收于本书之中。——原著注

自由不是一种生理反应，也不是选择。因为拥有选择所以拥有自由，这种说法是人们凭空捏造出来的。自由是纯粹的观察，没有固定的方向，没有对惩罚与奖励的担心。自由没有动机，自由并非处于人类进化的终点，而是从人类诞生之时就已存在。在观察中，人们开始发现自由的欠缺。在对日常生活与活动别无选择的认识中，人们可以找到自由。思考即时间。思考源于经验和知识，而经验和知识与时间和过往又是不可分割的。时间是人类心理上的敌人。我们的行为是在知识因而也就是时间的基础上产生的，因此，人类就总是沦为过往的奴隶。思想永远带有局限性，因此我们总是生活在不断的冲突和斗争当中。心理上的进化是不存在的。当一个人开始意识到自己的思想活动时，他就会看到思想者和思想、观察者和被观察者、经历者和经历之间的差别。他会发现，这种差别不过是一种错觉。只有这时才会产生纯粹的观察，也就是不受任何过往或时间影响的真知灼见。这种永恒的真知灼见使思想产生深层次的根本性变化。

完全否定就是肯定的本质。当思想在心理上所产生的全部都被否定时，而且只有这时，才会产生爱，产生同情和智慧。

真理是一片无路可走的陆地

对我而言，通向真理的道路是不存在的。真理是无法通过任何系统或方式来理解的。道路往往暗含着某种目标或静态的终点，因此往往也暗指为达到某个目的而在思维和心灵上所做的调整。为了做出这一调整，纪律、控制及占有欲就必不可少。这些纪律和控制会成为我们的负担，它会剥夺我们的自由，并限制我们日常生活中的一举一动。

真理是在每一个行为、想法或是感受中所理解和发现的，无论这些行为想法或是感受有多么微不足道和转瞬即逝。真理需要被关注，被倾听——倾听你的丈夫、妻子、园丁、朋友或自己的想法。找到自己思想中的真理——因为你的想法或许是错误的，又或者是受到局限的——发现自己思想中的局限性就等于发现了真理。这种发现会将你的思维从局限性中解放出来。

如果我发现自己是贪婪的——是我自己发现，而不是你告诉我的——那么这种发现本身就是真理，而这个真理会对我的贪婪产生影响。真理是不能被搜集、积累、贮藏起来，从而能够为我们提供指导的。如果你把它作为行动的指南，那它仅仅是同一事物的另外一种形式，即另外一种形式的占有而已。要让思想不去获取和储存实在是太难了。可一旦你们能够觉察到这一点，就会体会到真理的非凡之处。

事实上，生活就是真理，而生活中没有永恒。我们需要每时每刻地探索生活。真理需要被发现，它不能被视为理所当然的存在。一日三餐、穿衣、住房、性爱、工作、娱乐以及你的思考过程——这种枯燥乏味、循环往复的过程并不是生活。

生活需要被发现。如果你没有失去、撇开已经获得的东西，就无法发现生活。试着照我说的做做看。抛开你的哲学、宗教、习俗、种族禁忌以及其他诸如此类的东西，因为它们都与生活无关。如果你被这些东西所牵绊，就永远无法发现生活的真谛。

宣称自己知道一切的人已经死去，但自认为“我不知道”，并在不断探索、寻找，不寻求某种结果，思考时不设定具体目标的人——这样的人活着，而这样的人活着本身就是真理。

除了个人观点还有真理吗?

提问者:最近有种说法非常盛行，即任何事物都是相对的，都是个人观点的产物，根本就不存在独立于个人看法的真理或事实。对于这种观点，您有什么高明的看法吗?

克里希那穆提(以下简称“克”):难道我们都是一个个独立的个体吗?我所看到的，你所看到的，难道就是唯一的真理吗?难道我的看法和你的看法就是唯一的事实吗?这个问题所暗示的，是任何事物都是相对的。如果是这样，善良是相对的，邪恶是相对的，爱是相对的。由于任何事物都是相对的——这是绝对的真理，但不是全部——我们在人际关系中的行为和感情也是相对的，可以随时终止，只要不高兴就可以终止。这正是这个问题所暗示的。

那么，是否——请我们大家一起研究这个问题，而不是光是听我讲——除了个人观点、个人信仰、个人感知外,还有真理这种东西存在呢?古希腊人、古印度人以及佛教徒都曾经提出过这个问题。东方宗教中有一个奇怪的现象，即鼓励怀疑。怀疑吧！提问吧！而在西方宗教中，这是不允许的。你如果怀疑，就会被称为异端邪说。因此，除了始终相对的个人观点、感知和经验外，人们必须自己弄明白是否有一种感知、发现是绝对的而非相对的真理。

那你如何才能找到真理呢？如果个人观点、个人感知是相对的，并且没有绝对的真理，那真理就是相对的。而我们的表现、行为以及生活方式也将随之变得相对、偶然、片面和支离破碎。而我们要弄明白的是，除了个人观点和感知外，是否存在真理这种东西。

如果要你来回答这个问题，是否存在绝对的、完全的、不随个人观点变化而变化的真理，你将如何解答呢？你的思维、智力或思想如何才能找到答案呢？你对这个问题感兴趣吗？因为你研究的这个问题需要大量的调查和日常活动，将其暂且放在一边不予回答是不对的。这是处理问题的唯一方法。因为一旦我们产生了错觉、幻想、意象以及关于真理、爱情或其他任何事物的浪漫的概念，这些东西就会成为可怕的障碍，阻止我们继续前行的脚步。

人能够诚实地研究错觉吗？思维是否是处于错觉的包围之中呢？或者我们对万物、人类、国家、宗教或上帝存有错觉吗？错觉是如何形成的呢？人是如何产生错觉的呢？其根源是什么呢？“错觉”这个词是什么意思呢？它来源于拉丁语“ludere”，意思是“玩耍”。因此，错觉的本义是玩耍，玩弄实际不存在的东西。实际存在的事物指的是实际正在发生的事情，无论事情是好的，坏的，还是中性的。当人们无法正视发生在自己身上的事情时，逃避就会产生错觉。

先不要同意我的看法，我只是在研究这个问题，我们正在一起研究这个问题。

因此，如果一个人不愿意或是害怕面对实际正在发生的事情，或者说想逃避，那么这种逃避本身就会产生一种错觉、一种幻想，导致不切实际地远离事实。我们能否认同这就是“错觉”一词的意义，远离事实并继续前进呢？请先不要同意我的看法，而是将这些当作事实。

接下来的问题是：我们能避免这种逃离现实的行为吗？那么现实又是什么呢？现实是正在发生的事情、实际的回应、观点、信仰以及你的实际想法。直面这些现实，就不会产生错觉。我们的研究是否已经深入到这一步了呢？因为没有深入到这一步，你就无法继续前进。

因此，只要存在基于逃避“事实”而产生的错觉、观点和感知，它们就必定是相对的——就必定存在相对性。当远离事实、远离正在发生的事情时，事情就必定是这样。在了解事实时，做出判断的并非是你的个人观点和感知，而是对事实的实际观察。如果你认为是你的信仰和条件反射在控制着观察，那么你就无法观察到实际正在发生的事情。这样就无法了解事实。

我不知道你是否明白这一点。我们现在是这样做的吗？实际在这样做吗？——观察和感知实际发生的事情、你实际上的信仰、实际上的依赖意识、实际上的竞争能力，这些都没有远离而是在观察。这种观察并非是从个人角度出发。但如果你说“我必须”“我绝对不能”或“我必须做得更好”，这种观察就变得个人化，从而具有相对性。反之，如果我们能关注那些实际正在发生的事物，就可以完全避免产生任何形式的错觉。

我们能做到吗？你也许口头上是肯定的，但实际上我们能否意识到对于某个人、某种信仰、理想或让我们倍感兴奋的体验所具有的依赖性吗？这种依赖性会不可避免地产生错觉。那么，我们能否观察到我们有依赖性这个事实呢？

那么，我们现在就用同样的方式弄明白绝对真理是否存在——当然你得对这个问题感兴趣，因为提出这个问题的可不光是现在的这位发问者，还有那些毕生致力于回答这个问题的僧侣、哲学家、不因循守旧的宗教人士。与此同时，这个问题还与生命、现实和真理紧密地联系在一起。因此，一个的的确确关心什么是真理的人必须深入研究这个问题。

首先，人们必须明白什么是现实。现实是什么呢？是那些在你感到痛苦或有其他感觉时所感知、接触和品味到的东西。因此，现实就是感觉，就是对这种感觉的反应，是对以想法为表现形式的感觉的回应，而这种想法是由思想创造的。所以，是思想创造了现实——伟大的建筑，世界上的大教堂、庙宇、清真寺以及其中的神像、画像，这些都是由思想创造的。我们说，这就是现实，因为你可以触摸、品尝和闻到它。

提问者：那幻觉又是什么呢？它可以干扰我们的心理机能。

克：当然了，先生。幻觉、错觉和妄想会在大脑受到损伤时出现，会在远离事实时出现。所有这些词语，错觉、幻觉和妄想，都属于这一类。

因此，我们可以这样说，所有由思想创造的东西——知识、通过学习科学或数学等方式对知识的获得等——都是现实。可思想无法创造出大自然。树木、高山、河流、溪水、鹿和蛇都不是思想创造出来的。这些一直就存在。但我们可以用树干做成椅子，椅子就是由思想所创造出来的。我们生活在由思想创造出来的现实世界中，可大自然，包括自然环境，很显然不是由思想创造的。

那我们又会问，真理是现实存在吗？人们认为，思想创造出我们生活的这个世界，但无法创造出宇宙。思想可以对宇宙进行探索。众多宇宙学家和天体物理学家可以通过思想展开对宇宙的探索，最后也总能得出些结论或假说，并总是试图通过思想来证明这些假说。因此，思想是相对的，所以无论它创造了什么，无论它向哪个方向运动，它都是相对的，而且必然会受到限制。

请注意，这不是在讲课，我也不是教授——谢天谢地！我们只是两个试图弄明白什么是真理的普通人而已，当然前提是如果真理真的存在的话。

所以，思想不再处于错觉当中，这是第一件事。思想没有假说、幻觉、妄想，不想抓住什么东西，不想创造被称为真理的经验（而大多数人都是做的）。这样，思想便有了条理。有了条理，就不会出现因错觉、妄想、幻觉和经验所导致的迷惑。这样思维和大脑就没有可能产生错觉了，对吧？那么什么是真理呢？也就是说，我们刚才所说的这个现实与不是由思想创造的事物之间是什么关系呢？是否存在不是由思想产生的事物呢？到这里我们还能继续研究下去吗？

也就是说，我们现在坐在树下，天气凉爽，我们的思维是否没有任何形式的错觉呢？这意味着你的思想中完全没有迷惑吗？这就是绝对的条理。因为处于迷茫、毫无条理、混乱状态的思想怎么才能弄明白真理是什么呢？它可以创造真理，可以说存在真理，或不存在真理。但是，只有具有绝对条理的、完全没有任何形式的错觉的思想才能继续研究下去，从而找到真理。

这里有一个非常有意思的问题，你可能会感兴趣。天体物理学家和其他科学家在用思想来寻找真理，在走向外部世界。他们在研究周围的世界，研究总是向外部运动的物质。但是，如果你转向内心世界，“我”也是物质——思维是物质的——这样，如果你能转向内心世界，你就会发现许多事实。因此，你开始明白什么东西是在物质范围之外的。这就取决于你了。

这是一件非常严肃的事情，不是早上随便用一小时就能解决的。一个人必须投入毕生的精力研究这个问题，不能远离生活。生活就是斗争、焦虑、恐惧、厌倦、孤独、悲伤、不幸、遗憾——所有这些就是我的生活。我必须明白这些事情，经历这些事情，不逃避这些事情。这样，如果你经历了这些事情，就会找到绝对真理。

只有无尽的观察

玛丽·西姆巴利斯特：先生，您是说对真理的探究必须持续进行吗？是说您没有停止过或找到所谓的答案，但有一种持续探究的精神吗？

克：这个问题很难回答。遇到某些不受时空限制的事物时，你们还会进行深入的研究吗？当我们探讨研究结果的时候，谁来进行探究呢？这就回到了原来的问题上。调查者其实也是被调查者。我不知道这一点我是否说清楚了。当我通过望远镜、通过各种实验研究某种物质的时候，调查行动已然展开。但是展开调查的人是不同于他所调查的事物的。这一点也很明显，但是在这个主观的世界里，在这个心灵的世界里，调查者也是心灵的一部分；他并没有从心灵中脱离出来。明确了这一点的话，调查者就会拥有一个与之前相当不同的含义。

玛丽·西姆巴利斯特：您的意思是说只有探究，没有调查者或是被调查者？

克：不，我要说的是只有无尽的观察。在观察中，观察者是不存在的，只有非凡的生机与活力，因为你所观察的是整个精神上的主观世界。观察的过程是不会受到任何背景因素的影响的；我们只会看到“本质”。明白了吗？在这种极大的专注力中，任何实体都是不存在的；存在的只是拥有无限空间的专注力，它是那么的平静、无声，它聚集了惊人的能量，更完全摒弃了私利。这对人类来说是可能的吗？

人们发现这是相当困难的，因此你会说："来，我的朋友，这样做，这样做，再这样做，你就能成功了。我会做你的导师的。"于是我将你视为精神权威，我迷失了自己，再度成为俘虏。这就是整个过程，只要有圣人，有认可圣人的精神层级，这一过程就会永远继续下去。人类一直无法仅靠自己活着。他总想着依赖什么东西，要么是他的妻子、工作、信仰，要么就是他已经拥有的某些非凡经历。

因此，我的意思是必须要有完全的自由。这种自由并不复杂。当私利完全消失时，这种自由就会出现。因为私利是极为卑鄙、小气、狭隘的，除非我们能抛弃私利获得完整的自由，否则就永远无法拥抱真理。通向真理的道路是不存在的，真理是一片无路可走的陆地。你无法通过任何制度、方法或某种形式的冥想到达那里。没有所谓的到达——确实没有。

对知识上瘾的人无法发现真理

让我们讨论一下是否有诸多道路通往最终的现实这一问题。道路只会将我们引向那些已知事物，但是已知的事物并非真理。一旦某物为我们所知，就无法成为真理，因为它已沦为往昔，受到过往的牵绊。那些已知的、旧日之物都被织进了时间之网，它们无法成为真理，也不真实。通向已知的道路无法将你引向真理，它们只通向已知，到不了未知。你可以选一条路走回村中的小屋，因为你知道房子在那儿，同时又有许多条路通向你的房子和村庄。可现实是无法测量的，是未知的。能测量的话，它也就不是真理了。你从书中、从别人的言语中所学到的也不是真实的，不过是不断的重复罢了，而重复并不是真理。

那是否存在通往真理的道路呢？到目前为止，我们一直认为条条大路通罗马。事实是这样吗？无知之路，心怀恶意之人所走的路会将我们引向真理吗？我们必须摒弃所有的道路，不是吗？除非某个人能抛弃自己的职业，否则他又怎能在以国家名义屠杀民众时发现真理呢？真理是无法通过任何途径到达的。沉迷于获取知识的人无法发现真理，因为他所关心的只是知识，而非真理。喜欢对事物进行区分的人能发现真理吗？明显不能，他抛开了其他途径，选择在一条路上走到黑。实干家会发现现实么？明显不能，原因很简单，一叶障目是无法看见泰山的。

这就意味着，单独的知识、分工以及行动只会将我们引向毁灭、错觉或是焦躁不安。这已然是事实。那些仅为了知识而追求知识，相信知识能将自己引向现实的人，最终成了科学家。然而科学究竟对我们的世界做了些什么呢？我不是在谴责科学。但科学家同我们是别无二致的，他们只是在进入自己的实验室后才变得与众不同。除此之外，他们和我们一样，有自己狭隘的之处，有恐惧，也有民族主义。

相信“大师”教授“弟子”时有一条道路可通向真理，则更加不切实际，难道不是吗？因为我们是无法通过任何教义或是导师获得智慧的。只有摒弃自己是少数上天选定的、与众不同之人的那种想法后，我们才能收获幸福。因为这种想法只会让我们自觉安全和自我膨胀。而那种认为自己走的是坦途，别人得花时间绕弯子的想法则更是幼稚思想的产物。不就是这种想法使人们受困于各种制度之中的吗？

成熟的人才会发现真理。成熟的人永远不会追寻那些所谓的“导师”之路，也不会踏上那知识、科学、奉献或是实干之路。一条路走到黑的人是幼稚的，这样的人也永远不能发现永恒，因为他所选定的那条路是受时间控制的。你永远无法在时间里找到永恒，也无法在痛苦中发现幸福。想得到幸福，就得抛开痛苦。如果你陷入爱河，那么在这种爱中，争论和冲突都是不存在的。黑暗中没有光明，只有远离黑暗，才能拥抱光明。同理，抛弃占有欲才能获得爱情。

那些选定了道路的人，在精神上、心理上以及生理上都有着既定的兴趣，这也是我们难以成熟起来的原因。我们如何才能抛开那些坚持了五六十年的东西呢？你又怎能离开自己的房子，像以前真正寻找真理时那样再度做个乞丐呢？你已经投身于某个机构之中，并在其中充当首脑、秘书或其他成员的角色。对于那些正在寻找的人来说，这种探索本身就是一种爱，一种奉献，更是一种知识。而那些选定道路的人，则受困于各种制度之中，无法找到真理。一叶障目，不见泰山。我们无法透过窗户的一丝缝隙看到天空，那无比澄澈的天空。只有站在户外、远离所有路径和传统的人，才能清楚地欣赏到一整片蓝天。

没有技巧

克：我们正在交谈，我们关注人类的某些问题，渴望展开深入研究，怀揣着关怀和感情，又不下任何断言或争执。辩证法试图在各种意见想法中发现真理，可我们现在并不是在辩证地研究问题。我们就像是两个正在就人类的问题展开交流的朋友，我们渴望解决这些问题并发现真理。

我怕你会误以为我们正在试图寻找某种发现真理的技巧，误以为通过学习和练习某种方法就能帮自己找到真理。我否认存在这样的技巧，这一点一定要清楚。技巧暗含学会某种方法的意味。当然了，将航天飞机发射到火星是一件非凡的壮举，你需要大量的技术、累积的知识以及“专门的技能”才能完成。可真理是一片无路可走的陆地，是没有路的，我们无法通过划定路线、选择方向或构筑道路等方式踏上这片土地，更无法以自我练习、自我训练或学习一门技巧的方式找到真理。

因此我现在并不是在提供或谈论什么技巧、方法或系统。我们已经如此机械地认为，通过练习某些技巧、口头重复或是保持沉默就能将思维从一切机械运动中释放或解放出来。可事实恐怕并非如此。你们必须有那种发现——为自己发现——真理的兴趣、动力以及紧张感，而非坐等别人告知自己做法。这样，你所找到的才真正成为自己的，你才能从一切导师、技巧或是权威中解脱出来。希望你能一直牢记这一点。

（听众接下来提了许多克里希纳穆提已经总结过了的问题）

克：你想谈理解，谈言语、词汇、思想和沉默的关系，谈摒弃在人际关系中构筑意象这一行为的职责。这些都是之前已经提过的问题。至于弱点以及是否能不存动机地生活这一点也谈过了。那么，我们该研究哪个问题，才能从头到尾地思考透彻，不会误入歧途，直接找到能够一并回答其他所有问题的答案呢？

听众：理解。

克：是的，理解。这是个好问题。我也会选它的。“理解”这个词的意思是什么呢？请慢慢深入这个问题，别着急。理解是什么意思？是口头上的理解，通过言语描绘或是感情来理解吗？——我喜欢你，我是你的朋友，我告诉你一些事情，然后你就能理解我说的话了吗？还是说理解是对某些相当复杂或令人迷惑的东西的一种深入洞察呢？理解是如何产生的？理解能通过口头交流，即描述而产生吗？如果我们两个说英语、法语、意大利语或是其他什么语言，通过这种口头交流和描述就能理解或洞察语义了吗？还是说理解并非仅通过词语以及描述产生，而是要超越字面含义，即摆脱词语结构这一思想本质的束缚，深入考察并获得一种洞察力呢？

谈论车子并不困难。我观察了这辆车，开过它，知道它是怎么行驶的。我理解并知道该如何攀越那座高山。但我们现在所说的是心理上的理解，不仅是字面意义，而是更为深刻的，能够产生一种洞察力的理解。所谓洞察，指的是看穿事物的本领，而这种洞察最终会成为真理。我永远无法违背真理。真正理解某物后，我就能洞悉它的一切，这种洞察力能扫清一切误解和复杂，这样我才会对这件事物一清二楚。

理解所暗含的意思是思维、大脑以及思维的整体结构不仅会倾听各种字面词汇，更能越过字面含义本身看清言语的深层含义。洞察力也会随之产生，你们才会说："我理解了，我明白了。"这样看来，洞察力是一种安静的、愿意倾听的思维，它可以跨过字面的含义，探究事物的真相。

例如，一个人说了这样一句话："痛苦的终结正是智慧的开端。"他是这么说的，而你又该如何理解呢？请听好。你该如何接受这句话所传达的信息呢？你该对此做何反应呢？你是对这句话进行概括，形成一种想法，并带着这种想法去理解他的话语，还是只是倾听——倾听这句话中的每个词及其含义，并超越字面意义看穿这句话的真伪呢？我们该理解的不是终结悲伤的方法，也无关拥有智慧的方式，而是他这句话所传达出的信息的真伪。为了辨别真伪，你的思维必须保持安静，然后才能洞察，你也才会说："天哪，这话真有道理！"那么同理可证，理解即为对问题的洞悉。对吧？只有这样我们才能摆脱所有争论和辩证法——情况确实是这样，是不可改变的。

再比如，有人说："任何技巧都无法帮助我们发现真理。真理是一片无路可走的陆地。"他说了这话，他 50 年前就这么说了，那么你要怎么理解呢？请接着往下想。你该怎么解读这句话呢？我们是在对话。你解读这句话时，是不是会想，"这话不可能是真的，因为所有人都在谈论技巧、方法还有制度"，而这个人现在却跳出来说："不存在能将我们引向真理的技巧或道路。"因此你会说："好吧，谁才是正确的呢——是他还是别人呢？"这时，你会就二者展开争辩、对比、评判，还是一味听着这句话，而对究竟谁对谁错却无从判断呢？实际上你不知道答案，是不是？有十个人或一百万人说过“这种技巧是存在的”，现在却有一个人站出来说“这种技巧无论如何都是不存在的”。这个人也许是完全错误的！

然而，这个人却解释了自己的用意。技巧通常暗含练习、时间以及机械运动等含义。我们的思维已经足够机械化了，而技巧却只能使情况更加机械化。他解释完后，你还是会说：“大多数人都是有技巧的。”那么，你是在权衡二者的意见后表态：“好吧，我更倾向于这种看法。”还是在不知其言论是否真实的情况下仍能完全客观地、安静地接受他的观点呢？当你真正安静地倾听，即全神贯注之时，就能洞悉我所说的话。然后，它们将不再属于我，而是成了你的。我不知道你是否已经理解了——即辨明真伪，发现真理及虚妄。你的思维必须完全开放，能够接受一切。我不知道现在我们是否彼此理解了。

你必须通过关系之镜寻找真理

克：假设昨天我妻子跟我抱怨，冲我发脾气，或者对我很满意，安慰了我等，那么思想就会构建起一个她的意象，我就是靠着这种意象同她一起生活的，我的妻子也是这样，根据我的意象与我生活在一起。然后我跟自己说，为什么思想要这么做呢？请别急着回答，先思考两分钟。如果你还没理出什么头绪，如果你不将这一切视作理所当然，并立刻扑向问题的字面含义，就只能先进行思考了。我们得找出思想这么做的原因。其原因就在于，思想可以在意象中找到安全感。我在妻子的意象中是安全的。请稍等，先听我说。我在我的祖国以及组织的意象当中是安全的。这些都是我对自己的组织、国家或是宗教教化——无论是基督教还是印度教——所构建的意象。思想创造这些意象的原因，就在于它能够在其中找到安全感。哪怕这种安全感是建立在一些神经质的信仰或其他看似美丽却又疯狂的意象之上，创建的过程也是一模一样的。那么，思想为什么要寻找安全感，渴望安全感呢？

提问者：在我看来是因为思想渴望获得永生，思想并非永恒，所以总是在寻求安全感。

克：是的，继续说下去，先生，说得再深入一些，别停下来。你已经说了一些看法了，那么请继续研究下去。你对自己说的话确信不移吗？

别把这个问题理论化了。除非你能从事实出发，否则说什么都没有意义。

提问者：安全性、稳妥性以及确定性。

克：这话是什么意思呢？稳妥和可靠需要构建在完全的、不容侵犯的安全感之上。请稍等一下。这是为什么呢？为什么思想需要安全感呢？以我妻子的情况为例，我拥有她，她是我的。在这种状态下，我是无比稳妥及安全的。我已同妻子水乳交融，她填满了我所缺乏的东西。情况在她身上也是一样的；双方都在相互榨取。很抱歉这里用了这个丑陋的字眼，但这是事实。于是我问自己，思想需要安全感，但这种安全感是否存在于意象之中呢？我的妻子或女朋友能给予我安全感，因为我已在脑海中构筑出了她的意象，安全感就存在于这张意象之中。可这只是一张意象而已。你明白了吗？它不过是一个字眼，一段记忆，它是如此的脆弱，而我却仍紧握着它不放。

提问者：先生，我觉察到了时间的流逝，我害怕死亡的到来，因此我才在自己创造出来的意象中寻求永恒。

克：永恒存在于万物之中。那我要问了，为什么思想还要寻找永恒呢？让我们来研究一下这个问题。我在传统符号，在十字架中寻找安全感。我在十字架，在其整体结构及其形象背后所有的隐藏含义，比如宗教仪式和教条中寻找安全感——这是为什么呢？只要我有所察觉，就能明白，从逻辑上讲，安全感不过是思想的产物而已，可思想却仍抓着它不放——为什么呢？

提问者：条件反射。

克：这种行为确实属于条件反射吗？我们中的一部分人从孩提时候

起就开始受到各种条件的限制，信仰各种符号和象征——印度罗摩教、克利须那神或基督教。这是为什么呢？因为思想能在这些符号中找到安全感，然而，一旦思想对它们进行观察，就会发现，天哪，这些符号中根本就不存在什么安全感；它不过是一种想法——一种由思想所组合起来的想法罢了。因此，思想紧握意象不放的行为不过是一种神经过敏罢了。虽然我明知意象的危险性，却还是紧握着它不放。你能看出其中的荒唐之处吗？

提问者：是的。

克：请稍等一下。你真的看出这之中的荒谬之处了吗？

提问者：是的。

克：那这种荒谬的行为就可以停止了，你就再也不会创造意象了。但请等一下，如果我妻子说我是个傻瓜，那么我还能不形成意象，一心一意地听她说话呢？还是说我会遵循之前的传统、习惯以及条件反射，创造出一个意象呢？你听懂了吗？她说我是个傻瓜，可我没制造出什么意象，这可能吗？她夸我的时候，情况也是一样的，不过是事物的一体两面罢了。我们可以谈谈这个问题吗？由于我说了或做了一些妻子不喜欢的事情，她才叫我傻瓜。思维是有局限的，听到这句话后所做的即时反应就是一种意象。我可不是个傻瓜，产生这种反应的我就创造出了一张意象。那么，我能够听她说话——请思考一下——我能否在听她说话的同时不做任何回应呢？这并不意味着我要对妻子的话无动于衷。当妻子说“亲爱的，你真是个天才”——这又是另外一种意象了——的时候，我还能只听她说话吗？在她骂我或夸我的时候，我能不能不记下这些话呢？你们理解我的问题了吗？这个问题是相当重要的，让我们再深入研究一下。大脑的机制就在于储存，对吧？大脑一直在做着记录。然而，由于它的局限性实在太大，所以总是会迅速地记下那些“愚蠢”的东西。当妻子夸我了不起的时候，“了不起”这个词也同时被记录了下来。那么，在她骂我或夸我的时候，这种做记录的行为能否终止呢？这并不意味着我变得冷漠、无情或麻木了。我现在只能——请听好——我只能不做记录，这是唯一的可能，只要我将自己所有的注意力投注在妻子的话语中。无论她夸我还是骂我，只要我全神贯注于话语之上，她的意象就不会被我记录下来。

请试试看，趁你们坐在这里的时候试试看吧。你们对自己的妻子、女朋友或是男朋友构建了意象——老天爷，又是这些男孩女孩、男人女人的分类，我开始感到厌烦了！直到临终前我们都是这么做的，这真是太傻了。我已经指出，这种创建意象的过程其实是一种思考的过程。思想创造了意象，所以意象中才会存在冲突。我在印度和巴基斯坦，或俄罗斯和美国之间的冲突中看到了极大的危险。人们互相残杀，这是极其危险的。那么这种意象创造的行为能否停止呢？为什么思想要创建这些意象呢？在这些意象中，思想才会感到安全和稳妥——然而，就连思想本身都明白这一行为的荒谬之处。如果思想抱着没有理智的事物不放，那这种思想就是神经质的。

人类在自身中构筑充当安全围墙的意象

我们正在一起探讨所谓关系的问题。没有关系，人类是无法生存的。生活中充满了关系与行为，对人类来说，它们是两种生活必需品。现在，我们和他人的关系如何呢？你们同妻子或丈夫的关系如何呢？你们同自己所信仰的佛教、印度教或基督教的神职人员的关系又如何呢？你们都拥有什么样的关系呢？

深入研究后你们就会发现，自己的关系其实是建立在各种意象的基础之上的——各种有关上帝、佛祖、妻子以及妻子对你们所构筑的意象。这是事实，对吧？婚姻是最为亲密的一种关系，然而在婚姻生活中，意象每天都会出现。丈夫创造出妻子的意象，而妻子又创造出丈夫的意象。而关系就存在于这两种意象之中，你们同意吗？

意象会在日常交际、性爱、愤怒以及安慰等行为中产生。除了构建别人的意象之外，每个人也会建立一个自己的形象。他的脑海中同时还有上帝或是其他宗教神祇的意象，因为意象一旦建立，无论它有多么错误、虚伪甚至疯狂，我们都能从中找到安全感。安全感存在于思维创造出的意象之中。当你创造出了妻子的意象，或是妻子创造出了你的意象后，这个意象也就不再真实了。可是，现实生活太过艰辛，活在意象中要容易多了。

由于关系存在于意象之中，因此所谓的关系其实是根本不存在的。我希望你们都能明白这一点。这是事实。基督徒崇拜的不过是一个意象罢了。这个意象是由几世纪前的牧师们和那些信徒创造的，他们认为：“我需要安慰，需要安全感，需要别人照顾；我现在的生活却一团混乱，充满了迷惑和不安定，我在上帝的意象中找到了安全感。”我们不是真理或是公正的信徒，只是意象的崇拜者罢了，我们崇拜意象，崇拜带着国旗的国家形象，崇拜科学家的形象，崇拜政府的形象等。创造意象是人类的弱点之一。那么，我们究竟能否不再创造意象，只生活在现实中，生活在切实发生着的现实之中呢？我们达成一致意见了吗？

思想为什么要创造意象呢？生活可不是一个意象。不幸的是，生活中充满了斗争，生活就是一场永恒的斗争，而斗争可不是意象。斗争是一种正在上演着的现实。那么，思想为什么还要创造意象呢？它们可以是一张意象，也可以是一个符号、一种概念、一条总结，或是一种理想。它们都是意象——即，我应该是什么样的；我不是这样的，可我很愿意变成那样。这种意象是身处在时间之中的思想所构筑的，对我们的未来也会产生影响。它不是真实的，你们思想中正在切实发生着的才是真实。我们能接着研究下去吗？

我们要问，为什么思想会创造意象？是因为意象中存在安全感吗？比如说，我有一个妻子，我创造出了她的意象。而“妻子”这个词本身就是一种意象。可我的妻子是真实存在的，她无时无刻不在发生变化，充满着活力，是一个人类实体。我需要投注更多的注意力和能量才能理解她，可我认为，既然已经有了她的意象，那么同这个意象一起生活要容易得多。

首先，难道你就没有一个自己的意象吗？你难道从不觉得自己伟大，或并不伟大，认为自己该是这样或是那样的吗？活在意象中就等于活在虚幻而非现实之中。那么，创造这些意象的机制是什么呢？所有秩序井然、受到认可、值得尊敬的宗教或多或少的都有一些这样的意象。而人类在牧师们的帮助下也总会崇敬这些符号、想法和概念等。他在这种崇拜中感受到安慰、稳妥和安全。但意象不过是思想的一个投影罢了。为了理解意象的本质及其制造过程，你必须了解思考的全过程。我们可以研究这个问题吧？你们会和我一起研究吗？非常好！

那么什么是思考呢？思考是你们一天到晚都在做的事情。思考创造了城市，思考创造了武器装备。政客需要思考，宗教领袖以及世间万物都是在思考的基础上产生的。诗人可以写出非常优美的诗句，但其实真正创造出这些诗句的仍然是思想。如果你们确实愿意探讨这个问题的话，就必须弄明白究竟何为思考。你们现在就是在思考。

我们已经说过了，人类总是习惯性地创造意象，尤其是在宗教世界里，人类也总会构筑自己的意象。我们要问，为什么思想，你们的思想，要创造这些意象呢？是因为无论意象究竟如何虚伪和缺乏现实，我们总能在其中找到安全感吗？显然，人类其实是在错觉中寻求安全，因此，为了理解普遍存在于人类之中的意象制造问题，我们需要就思考和思想的本质展开探讨。我们的周围充斥着思想，可思想却无法创造出大自然、老虎、河流、茂密的树丛、森林、山川、阴影、山谷以及美丽的地球，人类是无法创造出这些东西来的。可人类却能通过思想创造出战争这种毁灭性武器，也能推动医药和外科手术不断向前发展，更开发了即时通信等等诸如此类的东西。思想在为我们带来诸多益处的同时，也造成了极大的伤害，这是事实。认真思考的人会想要弄清楚思想是否能减少我们现在所面临的难题。你们是否足够认真，能自己找到何为思考这一问题的答案吗？

思考是对记忆的回应，而记忆以知识的形式被储存在大脑中。知识来自经验。人类拥有成千上万条从知识中积累的经验，有些是真实的，有些是虚假的，甚至是神经质的。当别人问你们问题时，记忆就会以思想的形式做出回应，这也是事实。我同许多科学家讨论过这个问题，有些人赞成我的观点，有些人却反对。但你们可以自己给出这个问题的答案：你们拥有某种经历，这种经历以知识的形式被储存在记忆之中，这种被记下来的知识继而便会创造思想。明白了吗？请不要随便同意我的观点。你们要自己来检验这种看法的真伪。想想看，如果没有了经验、知识或是记忆的话，你们甚至都无法思考。因此才会存在通过经验收获的、贮藏在记忆之中的知识以及记忆——即思想对于各种挑战所做出的回应——我们就是靠着这种思想生活的。

但知识永远都有局限性，所谓的万事通是不存在的。这是事实。因此，思想也总有局限性，无论它有多么美丽——因为思想可以建造大教堂和各种非凡的雕塑，也可以创作不朽的诗篇和史诗等。但知识孕育出的思想总是有局限的，因为我们永远无法得到完整的知识，知识总会被无知的阴影所笼罩。思想创造出了意象，创造出了存在于你和你的妻子之间的意象，创造出了国家民族以及正在摧毁这个世界的科学技术等。

我们要问的是：我们能否在不创造任何意象的前提下进行日常生活呢？思想必须运转，才能让我们从这儿回到家。你们肯定知道自己的家在哪里，知道该走哪条路。这种知识必须存在，否则你们就会彻底迷路了。使用某种语言，比如英语的时候，我们是需要知识的。但我们需要创造意象吗？你们明白我的问题了吗？我们能在没有任何意象的参与下正常生活吗？也就是说，我们可以不依赖任何信仰——这并不意味着你们的生活就会一团混乱——而是不依赖任何信仰，抛开理想，抛开概念，抛开所有由思想所构筑的具有局限性的东西吗？这同时又带出了另一个问题：什么是行为？行为是在思想的基础上发生的，因此也是不完整的。因此，有人就要问了：有没有一种在任何情况下都是正确的行为呢？这可是一个非常严肃的问题。

意象控制着思想、关系和日常生活

克：我首先注意到的是，思想是懒惰的，总是凭惯例行事——这种惯例可以是信仰、想法或是结论。比如我和一些人进行交谈，他们对某个人便形成了一种看法，你无法让他们改变这些想法的——你可以给他们摆事实，讲逻辑，说真相，可这些都没有用，因为他们认为自己的看法是正确的。你们在生活中难道没有遇到过这样的人吗？基督是存在的，毋庸置疑；马克思是正确的，毋庸置疑；红宝书至高无上，毋庸置疑。为什么思想要做这些事情？因为它在红宝书、在马克思主义、在耶稣身上找到了彻底的安全感，其实也就是彻底的懒惰——这样它就不用再进行思考了。思想也害怕学习新事物，因为学习便意味着打乱已知的事物"本质"，打乱自己的结论和意象。因此，我注意到，大脑喜欢生活在安全感和抽象概念之中，这些东西变得比事实还重要。我形成了对你们的看法，无论这种看法是对是错，它已经是一种结论了，要改变这种结论，说"天啊，我错了，你是完全不同的！"，我得稍微动一点脑筋，消耗一点能量——因此，我可不想成为错的一方，我宁愿你们是错的。

大脑说："我渴望安全感，我的安全感就存在于信仰和结论之中，别打乱这些东西。"对吧？思想在建立起某种信仰后才觉得安全，继而渐渐变得懒惰起来，不想被旁事打扰。观察你们自己的思维，而不是我的——到目前为止，我还没有经历过这些乱七八糟的情况。

提问者：在我看来，似乎一旦人们观察某物——比如，层峦叠嶂的山川——就会留下某种印象。您能告诉我们这种印象究竟是什么吗？观察事物后留下的不一定总是意象啊。

克：当然可以，印象。我对山川有印象，我对你也有印象——我不了解你，我只是对你有印象，有一种模糊的感觉，你给我留下过印象，在我身上留下了某种让人愉快或是不愉快的印记。下次我遇到你的时候，这种印象就会增强，我会说“天哪，这伙计人真不错！”或“这人真是太差劲了”！然后，当我们第三次碰面的时候，你的意象就建立起来了。看看吧——大脑宁愿生活在让它觉得安全的抽象概念里，即使会躁动不安，也不愿放手。

大脑需要安全感，因此意象才变得尤为重要。对以下两种结论进行对比：人死后不会转生和转生是存在的，当然是第二个结论能让我倍感安慰，那么就没什么可说的了。我就这样活在这种信仰里，它给予了我极大的安全感——因此无论这种信仰是神经质的、真实的还是错误的都无所谓。我发现，你或是其他任何事物的意象能给予思想和大脑以安全感，这也是它们一直紧抓着意象不放的原因。这个问题你们所有人身上都有。

提问者：哪怕安全感这种东西真的存在，我们也没办法找到吗？还是说这种安全感其实是另一种概念而已？

克：我马上就要谈到这一点。如我所言，大脑需要安全感，否则你们的身体就无法正常运转了。大脑就像一个孩子，给予他彻底的安全感，他就会无比开心，学得也就更快。可一旦他的家庭破碎，父母争吵不断，这个可怜的孩子就无所适从了，甚至变得神经质，具有暴力倾向，使用枪支，射杀无辜。你们已经听过太多这样的案例了。那么，你们在意象中找到安全感了吗？研究这个意象，觉察到这个意象，也别做那些好与坏的区分——这些意象或是结论让你们觉得安全吗？——会不会这样？

提问者：这只是一种暂时的安全感。同所爱之人分开时，你也会构建起一张意象。

克：是的——同爱人分开时，这种意象会给予你短暂的安全感——你爱的人在美国，而你却在这里。你感受到了两地分离的痛苦，因此，你在思想中构建了一个爱人的意象，这种形象在短期内会给予你安慰，但你在美国的爱人现在有可能正在追求另一个女孩呢！

提问者：先生，所有的科学都是构筑在意象之上的，这很自然啊。

克：让我们说得简单点，问题已经够复杂的了。你的脑海中有没有这样的一种意象，大脑、思想以及感觉都将其既得利益投入其中，紧紧攀附，令你抛弃不得？如果这种意象确实存在的话，你的思想就是懒惰的。你自问："我该如何停止这种创造意象的行为呢？我怎样才能不去总结，拥有一个完全自由的思维呢？只有这样我才能接触到各类新鲜事物——树木、你们以及一切自由鲜活的事物。"我已经看出了思想构建意象的机制，你看到了吗？你真的看明白了吗？你是否已经观察和洞悉了制造意象的过程了呢？一旦洞察了这个过程，你就不会再制造任何意象了，这种洞察力就是安全感，你明白了吗？

提问者：是记忆让您觉察到了这些意象的吗？

克：不是的，从第一次见到你开始，我的脑海中就留下了一个关于你的令人愉快或是不愉快的印象。这种印象或许就像留在沙滩上的一个浅浅的脚印一样微不足道。可到我第二次遇到你的时候，这个脚印就变深了。而第三次见到你时，这个脚印就变得完全坚实立体了。既然印象是在我和你的交往过程中不断加深的，那么如果我对你完全不留任何印象，那么每次见到你时，我都会把你当成一个新朋友来结识、观察和倾听，每次见到你的时候仍会感受一个崭新的你——当然这种情况是非常麻烦的，比简单地说"我对你有印象，你是这样的——完了。"要复杂得多。一旦建立起意象，我们就能收获安全感，而我也就不想再深入了解你了。

到目前为止我说的你都能理解吗？理解——意思是你能洞察我说的话，更意味着你已抛弃了自己的惰性和意象。你这么做了吗？如果还没有的话，为什么不呢？有什么问题吗？你为了来这儿花费了金钱和精力，又坐在这顶热烘烘的帐篷里，可如果一直到离开为止你都完好不动地保留着脑海中的意象的话，来这里又有什么意义呢？如果你在自己一直信赖的东西中看到了愚昧和不安定的话，又该如何继续走下去呢？就像购买股票那样，如果你看到了股票市场中的危机，你会把手里的股票抛售吗？难道你不会去购买一些更为安全稳妥的东西吗？那么为什么不在这里做同样的事情呢——虽然这里不是股票市场！

提问者：先生，虽然我看到了这些信仰和意象，可如果将它们完全抛弃的话，我就什么也不剩了。我害怕一无所有。

克：我明白，如果放弃所有的意象、结论以及惰性，我就会一无所有，这的确让人感到惊恐。可为什么你要放弃这些东西呢？是其他人让你放弃的吗？还是说你是因为拥有了洞察力，你理解了这些东西的本质，这种理解本身就会为你带来安全感，从而才抛弃这些意象和结论呢？如果是后者的话，你就无须担心了。拥有了开启观察之门，也就是洞察力的钥匙，你就能够观察，能做出聪明的解读，这种智慧才会让你觉得安全。可因为你现在是懒惰的，所以才无法拥有这种智慧。

观察不是抽象的概念。存在的只有观察，而非观察者，因为观察者也是一种抽象的概念。观察者是一种抽象的概念、一种想法、一个结论，是往昔的事物。你们总是用眼睛看待树木、山川、妻儿以及世间的万物。这就是你们惰性的一部分。我们要看清这个世界，拥有洞察力，意识到错觉荒谬无比的结构——即抽象的概念，这种观察本身才能为我们提供安全感，你明白了吗？

那么你今早在离开这个帐篷的时候能够开开心心的，抛开所有的意象，只带走洞察力之光吗？你会这么做吗？

之前的一个提问者曾指出，这些山川、树林、河流以及青翠的草地，与人类,与大部分的人类是不同的。那么我同大众的关系又是怎样的呢？我同大众，同喧嚣着的人类，同人类所有的秘密以及人类其他特性的关系是什么呢？是我的惰性阻止我同大多数人建立关系的吗？还是我的麻木不仁在作祟？或者在提出这个问题的时候，我是否调动了我的能量来寻找答案呢？别光看着我，你会怎么回答？这位女士说，断绝同丘陵、树丛、山川以及花朵的关系是很容易的，可是若要切断我们的人际关系，无论是与一个人，还是与许多人的关系，生活都会困难无比。正如我们所言，生活确实是很困难的，我们其实已经同一切事物断绝了来往——只建立起了抽象概念上的关系。因此，我们其实是生活在抽象概念之中的——无论是大多数人，“本我”，还是形象——我们都生活在抽象概念之中。你明白这句话的含义了吗？我们其实根本就没有真正地或者——我们只活在形象和结论这些毫无价值的东西之中！

提问者：那么先生，我们该怎样避免这一切呢？

克：我已经把方法告诉你了。好吧，让我们尽量把问题简单化。意识到即将面临危险时，你就会行动起来，对吧？这是为什么呢？当你看到危险时，无论这种危险来自一只野生动物，一辆汽车，还是其他试图伤害你的人，你都会立即做出反应。也就是说，你是在条件反射的情况下做出各种即时反应的。可由于你的大脑细胞现在在心理上、精神上、智力上都受到了限制，因此只能生活在某些推测、概念以及公式之中——你受到这些东西的限制，却看不出其中的危险。如果能像看到野生动物时那样感知到危险，你就会立刻抛弃这些东西。你会说“我看不出其中有什么危险，因此我不能抛弃它。你又怎能帮我发现危险呢”？究竟是你在想办法，还是我？想办法的是我，因为你只是在听我说而已，你并没有动脑筋。

你说“那么告诉我毁掉这些既定形象的方法吧”。其实这句话背后的实质就是你自己没有投入精力研究问题，你现在很懒惰，只想坐等别人的答案。听到答案后你又可以说“好吧，我同意或是不同意这种看法，它实在是太不实际了”。你就能随便处置别人的答案。可如果你说“我想自己找答案”，因为你看出了问题中暗藏的真理——你已无法同那些毁灭性的、危险的意象——这又是另一个话题了——继续生活下去了。为了看清这一真理，你必须投入精力，必须自己展开研究和思考，因为真理不该由别人告知。这一点我已经告诉过你了，可你并没有在意。

守旧、受限、念旧或墨守成规的思维和大脑是无法面对那些真实事物的,因为这意味着你得花费精力,行动起来,展开研究。因此思维说“请别这样，我是很懒的。我宁可活在自己创造出的意象之中，我想过得舒舒服服的”。这就是你想要的。而要想发现真理，你就得活得相当辛苦，与你相伴的也只有由洞察力所赋予的智慧所给予的安全感。你还是可以成为顶级工程师的，因为你不需要在工作中使用意象。与此同时，你还能坐拥各种非凡美妙的人际关系。

不要成为过去的奴隶

我首先要问的是，我们谈话的意义是什么呢？无论你们是将说话人视作一种可以学习仿效的权威（虽然无论何时，无论处在何种标准下，这都不是他的本意）；还是我们一起展开友善的交流，暴露出我们的内心世界（这是一次探索发现以及超脱的机会），这些都是我们谈话的意图。言者本人不会制定规矩、教条或是权威、信仰、方式，他会一起交流，倾听自己而非他人的想法。在自我倾听的过程中，我们会接触到一片无限的土地，并能深入理解自己的话语含义。至少，这才应该是我们谈话的意图。

如果我们仅将讨论视为智力上或是语言上的交战，那么恐怕这些谈话也就没什么价值了。看看我们自身以及遍布世界的痛苦和迷茫，还有人与人之间永不停歇的战争，我们真正应该关注的，是是否存在其他共同生活的方式，这种共同生活的涵盖面要远远超过特定的经济或是社会领域。人类能过完全不同的生活吗？这也是我们聚集在这里的原因。学习其实是一种倾听，不仅倾听言者，还要倾听附近河川的声音。在我们交谈的过程中倾听，倾听那些正在叫喊着的男孩们的声音，倾听自己的思绪，自己的感觉，这样你才能完全熟悉它们。熟悉是为了理解，为了理解又必须倾听，你们要倾听的不光是自己的想法，因为你们是非常了解自己的想法的。想法不过是你们自己的偏见、快乐以及成长环境的投影罢了。如果可以的话，人类必须聆听所有外在影响及其自身对这些影响的反应所造成的冲击；通过聆听和观察，人类才能收获真正的学问，这也是我们谈话的真正意图。

有没有可能不用将冥想撕裂成十分钟或是一两个小时这种拙劣的手法，而是终日冥想，并通过这种冥想理解死亡的本质以及重生的含义？这个问题已经问过了。

有没有可能终止所有有意识的或是无意识的创伤、冲动或强迫呢？这个问题也问过了。从现在开始，让我们只研究这几个问题。在讨论、交谈以及冥想的过程中，或许我们会一直谈到死亡的方式，这样思维才会不断更新，以理解人类各种强迫症。

我们必须谨慎地使用“冥想”这个词，必须得小心翼翼地才行，因为在西方世界中——把世界区分为东方和西方实在是一种悲哀——“冥想”这个词是没什么内涵的。西方人更熟悉的是“沉思”。我认为沉思和冥想完全是两回事。在东方，人们每天都会按照由古代或当代的某些权威所制定的方式方法进行冥想；然后在遵循这种方式的过程中，人们学会了如何征服和控制，以及超脱思想。这是“冥想”这个词所暗含的普遍含义，而西方人是不了解这一含义的。

现在，让我们暂时将东西方的区别放在一边，别考虑如何冥想，而是试着找出一个清醒的、有意识的、热情的、没有受到任何创伤、压迫或是溺爱的，从不试图自我控制、无拘无束、永不受昨日影响的思想所该具有的品质。这是我们即将要考虑的问题。我们必须从一开始就理解这个问题，因为开头比结尾重要多了。自由没有尽头，永远站在起跑线上，这才是最难理解的一点。没有了自由，除去在大脑组织好了的快乐上所构建的意象或是想法的某些极其狭窄的受限区域之外，我们的思维都是静止不动的。

我并不是在制定规则，也不是在告诉你们该做什么或不该做什么，该赞成什么或不该赞成什么，可我们必须观察这些想法、原则以及意象，因为一切思考都是从它们开始的，而我们的所有反应也是源自于此。若无法理解这一问题，我们就没法无拘无束地超越现下思维的局限，也没法跨越我们成长的社会和文化所带来的限制。如果你们愿意听我一言的话，我建议，你们每个人都可以带着两个任务来倾听，不止聆听言者的话语，更要倾听自己的内心。

我们都想要更为广泛和深刻的、热情活泼的、不拾人牙慧的经历；因此我们通过毒品、冥想、想象或是变得更为敏感来寻找这种经历。毒品能暂时使人变得极其敏感，因为身体的全部机能被加以强化，神经和整个身体都从烦躁的日常生活中解脱了出来。在这种兴奋的状态中，是不存在任何经历者或是经历的，存在的仅是事物本身。欣赏花的时候，存在的只有花，而没有什么赏花人。不同种类的毒品会给予身体、全部的感官机能以及大脑一种非凡的敏感性。在这种状态下，无论你是诗人、艺术家，还是其他身份，都能获得符合自己特征的不同经历。

当然，我从未用过任何毒品，对我来说，任何形式的兴奋剂——任何形式的，包括被言者的言辞激励——无论是酒精、性爱、毒品，还是走入大众，在情绪上感到或多或少的紧张，都是完全有害的，因为任何形式的兴奋剂，无论其用量有多轻微，都会因其带来的依赖性而使思维麻木。兴奋剂会使我们形成一定的习惯，让思维僵化。

我们大多数人都不服用毒品，可我们确实想要更为广泛和深刻的经历，所以我们选择冥想。我们希望，通过冥想，通过控制思想，通过学习，通过走入某些特定的精神、心理以及神秘的情况，通过幻想和其他经历来达到一种非凡的状态。可如果你们把冥想视为获取某物的途径，那么冥想也就成了另一种形式的毒品。它会创造一种习惯，而这种习惯将摧毁我们所有的精明、敏感以及一个自由的思维所能拥有的全部品质。

大多数人喜欢遵循制度，可我不明白的是为什么会有如此之多的制度从亚洲流入了西方世界。所有人都被困在了这些制度之中，四面八方充斥着各种各样的咒语。那些用拉丁语、梵语或是其他语言不断重复着的词句，虽然能镇定思维，却也在同时将其变得僵化和愚蠢。一个小家子气的狭隘思维，即使是被咏颂了无数遍的基督教祷文，也仍旧是那么的小家子气和狭隘。哪怕一天重复一千万遍，它也仍然是狭隘、浅陋和愚蠢的。

真正的冥想是完全不同的。为了明白什么才是冥想，我们需要扔掉毒品，拒绝所有方法，包括为了达到某种特定的看似安静实为停滞的状态而一遍又一遍地重复祷文的行为。为了获得更为深刻的经验，我们需要摒弃一切形式的欲望。这是非常困难的，因为我们大多数人的心中都充满了丑陋、粗鲁、暴力以及对生活的绝望。我们渴望更多的东西，我们渴望崭新的经验，无论是像走入群众中去的这种外在经验，还是深度探究内心世界的内在经验。可我们得把这些东西都抛开才行，唯有这样我们才会获得自由。抛开这些东西的方式是极其重要的。我可以把对这样或是那样东西的渴望抛开，因为这实在是太傻了；但是在内心深处，我可能仍旧在渴望着这些经验。

我或许并不渴望见到耶稣或是佛祖，又或是这样或那样的人，因为这么想实在是太傻了，他们都只不过是人类自身背景的投影罢了。我可以在理智上和逻辑上拒绝这种想法。然而在我的内心深处，却又渴望拥有自己的经历，拥有未被往昔所践踏的经历。可那些我所渴望的经历和幻想其实早已被往昔所玷污了。

我不得不去理解过往的深度、高度、重要性以及品质，在理解的过程中，我和我的思想又在企盼着往日时光。思想总是陈旧的，大脑的整体结构及其联系也都是往昔的产物。它是由时间，由两百万年的时间汇集在一起的。你们无法通过一个简简单单的动作就完全摒弃掉它。你们需要理解自己的每一个反应。由于我们多数人的体内还保留着大量的动物本性，我们就得理解所有这些本性；而人类只有觉察到这些本性，才能理解它们。为了觉察到这些本性，我们得观察和聆听，不能谴责它们，更不能将其合理化。

通过觉知外在及内在世界，像驾驭一个来回拍打的浪头一样驾驭这种对外在运动的觉知，思想就会开始探索其自身的感应、反应、要求以及强迫力。为了理解这些要求、渴望以及反应，你们绝不能谴责它们。因为一旦这么做，你们就再也无法真正理解它们了。这和批评孩子是一样的道理，批评是对付孩子最简单的方法了。我们在谴责，认为自己已经理解了，其实则不然。

我们得找到谴责的原因。你们为什么要谴责呢？为什么又要将这种谴责合理化、公正化呢？谴责、公正化以及合理化都不过是逃避现实的形式而已。现实就摆在这里，它就是这个样子的，它就在这里，为什么我要将其合理化？为什么我要谴责它？为什么我要将其公正化？我在这么做的同时也在浪费着自己的能量。因此，为了理解现实，你们必须完全生活在现实之中，思想和现实之间容不得半点空隙，因为现实才是思想。

你们拒绝了毒品以及对经验的渴望，因为你们明白，当自己想逃离这个丑陋、恐怖的世界，前往某些极其非凡美好的地方去时，所有的经验就会远离现实。思想和大脑是往昔的产物，因此人类必须理解各种有意识和无意识的过往。我们需要立刻做出理解，不能慢吞吞地花上几个月或是几年的时间进行分析，或是寻求分析者的帮助。了解了观察的方法后，人们甚至可以在不加任何观察的情况下立刻理解事物的整体。因此，我们接下来要寻找观察法。只要对所见的事物抱有任何一丝谴责感或是公正感，我们都将无法展开真正的观察。这一点必须完全明确。为了了解一个孩子，你们不能去批评他；你们得观察他，在他玩耍、哭泣、欢笑以及睡觉的时候观察他。孩子其实并不重要，重要的是你们该如何观察他。需要注意的是，我们现在应该考虑的不是方式问题，而是该试着去探讨能否通过一次观察——不是幻想，也不是仅凭肉眼，而是一次探究其本质的观察——来理解事物的整体结构，并从中解脱出来。这才是我们对冥想的定义——除此之外别无他意。

思维拒绝了毒品、经验、权威、盲从、鹦鹉学舌、控制，以及自我强迫，才能真正达到这个阶段。这时，思维会展开观察、研究、深入、调查；却不评判对错。这样做的结果是什么呢？这样做的结果是，无须借助任何毒品或是兴奋剂，思维都会自然而然地变得更为警觉和敏锐。是的，它已变得极其敏锐了。

让我们深入研究一下“敏锐”这个词。你们想提问吗？你们是在听我说话，还是在我说话的同时聆听自我呢？

提问者：在您说话的时候，我是无法看清自我的。

克：你什么时候会自我审视？在这座帐篷之外，你曾经看清过真实的自己吗？你曾看清过自己的姿势、怪癖、借口、虚荣、对名声大噪的渴望，以及自己的本质吗？

我们现在试着来找出敏感这个词的含义。这个词是很重要的——身体、器官、大脑，它们全部都是敏感的。它的基本含义是易受伤害，不抵抗，不构筑任何意象或是公式，不划定界线并沿着这条界线行事。上述任何行为都是一种抵抗。这种抵抗性，这种自我防卫、抵抗、接受、遵守、盲从权威的状态，都会使思维变得迟钝。任何形式的恐惧——这是我们最难摆脱的——却能使思维变得刀枪不入，麻木迟钝。当你追名逐利、武断教条、暴力不仁，处在领导者的位置上却又粗鲁、残暴或是欺压他人，滥用权威时，你的思维也是迟钝的。上述情况都会使思维以及整个身体变得迟钝麻木。只有那些脆弱的思维才具有表达感情，表达爱的能力——那些满怀嫉妒、独占欲以及控制欲的思维是做不到的。那么，虽然没进行太多细致的研究，我们也已经或多或少地了解了敏感的含义。如何进入这种敏感状态又完全是另外一个问题了，简简单单地在理智上赞同或是思索“我该怎么达到这种完全脆弱而又完全敏感的状态呢”是行不通的。你们无法运用什么技巧来让自己变得敏感，只有在自然、惬意、顺畅、不花什么力气的状态下我们才能变得敏感，只要理解了前面所有关于毒品、经验、野心、贪婪以及妒忌的谈话，就可以做到这一点。

敏感需要依托于自由出现。这种自由是一种本体上的自由，而非从某物解脱出来后所获得的自由。明白了何为往昔以后，我们再来研究一下如何通过一次观察就能摒弃全部的外在结构。只有在敏感的参与下，我们才能展开观察、研究，才能立刻理解问题的整体结构。倘若思维认定自己或他人应该展现什么形象的话，我们就会丧失敏感，因为这些形象其实是在个人意愿的基础上产生的，而寻求个人意愿的思维招来的只有悲伤。

敏感的思维——这个词在这里表达的是内在完全的柔弱，不带任何抵抗的意思，而非精神上、生理上的敏感——拥有非凡的力量、活力以及能量，因为它无须同生活展开对抗，既不用接受人生，也无须推拒人生。理解了这一现象，彻底经历过一遭之后，一次观察就足够摧毁全部的物质结构了。上述就是冥想的全过程。为了理解何为冥想，我们得了解控制和鉴定的方式。可控制思想就意味着对其他思想的抵制。我想了解某件事情，可思想却游荡向别处，就像漫无目的飘落的树叶一样。我集中精神，控制自己，只留下某种想法，又扫清了其他的思想。我们是为了自己的快乐才留下那个想法。专心致志意味着排斥他物、思想狭隘、仅关注特定事物，对其他却一无所知。可当我们理解了什么才是真正的专注，即身体，全部神经、双眼、双耳、大脑、全身以及我们全部的存在……都专注于色彩、思想或是他人的言论之上——在这种专注下，才会产生不排斥他物的全神贯注。我可以在不排斥他物的情况下参与、观察以及研究事物。

我们也必须理解鉴别的含义。孩子被一个玩具吸引了。这个玩具比其他的都有趣，孩子完全被它迷住了；孩子变得安静了起来，不再淘气，不再恶作剧，也不会哭鼻子或是四处乱跑。玩具占据了他的思维、身体以及一切。玩具吸引了他全部的注意力。而我们，就像那个孩子一样，被某种想法，或是被呈现在我们面前的各种意象，比如佛祖或是耶稣，给吸引走全部的注意力。无论吸引我们思维的是一杯饮料，还是由双手或是思维所构筑的意象，敏感都会被它们扼杀，爱也会荡然无存。

自由的思想其实是空无一物的。我们所了解的空虚只是偌大的空间中只摆放了一件物品的那种空虚。我们只在这顶帐篷中知道什么是空虚，帐篷外偌大的外在空间是空虚的。我们不知道什么是空无一物的空间——不是那种存在于地球与火星之间的空间，我们谈的不是它——因此，我们不知道什么是空虚。没有完全清空的、什么都不剩的思想是永远无法享受自由的。所有的欲望、人际关系、行为都是在由客体、内心或是形象所创造出来的空间中产生的，这一点在理智上人们是接受的。这种空间中永远不会存在自由。就像拴在木杆上的山羊那样，只能在拴绳的长度范围内走动。

为了理解自由的本质，我们必须明白空虚和空间的本质，我们需要再次进行冥想。只有当思绪全部清空，内心不再创造人为空间时，真正的空间才会产生，思维也才能完全安静下来。这时的思维是高度静止的，这种静止只会在空无一物的空间中产生。在这样的静止当中，不用运动就可以产生能量。

当我们不再浪费能量，不用运动也能生成能量之时，行为才会存在。没有排气口，沸腾的水壶就会爆炸。只有当思维完全静止时——不是停滞般的静止，而是充满了活力和能量的静止——才能产生爆炸性的结果，也就是产生创造力。写书，写诗，成名都不是创造。书籍充斥着我们的世界，我相信每周都有四千多本书出版。平铺直叙的自我表达才是一种真正的创造。没有了创造力，思维就会步向灭亡。想理解何为冥想，就得从现在开始，从起点这里行动起来。自我了解就是起点，自我了解是智慧之始，而悲伤的终结则是新生之始。

思想总有局限

思想为什么会如此固执呢？它看上去是如此的焦躁不安，又固执得令人恼火。无论我们在做什么，思想都是那么活跃，像个猴子一样，可这种活跃性是非常消耗体力的。思想是无从逃避的，它会一直不知疲倦地追随着我们。你试图镇压它，可几分钟后它就又会故态复萌。思想永远不会安静，也不会休息，它总是在追寻，在分析，在折磨自己。无论是睡着还是醒着，我们的思想永远都处在一片混乱的状态中，看起来永远没法平静，没法休息。

思想能平静下来吗？它可以通过想象和平这个词使自己安静下来，保持静止。但思想能平静下来吗？难道不知疲倦不是思想的本性吗？难道思想不是对永恒的挑战所做出的永恒的回应吗？挑战不会停止，因为生命的每个瞬间都是一次挑战；如果无法意识到这种挑战，我们就会慢慢衰落，走向死亡。挑战——回应就是生活的方式。有时我们可以应对挑战，有时又会落荒而逃。无法充分应对挑战的我们会开始思考，让思想不知疲倦地运转。我们需要采取实际行动来应对挑战，耍嘴皮子是没有用的。口头表达也是一种思想。词汇和符号会延缓我们的行动；词语是一种想法，也是一段记忆。不牵扯任何符号或词语的记忆是不存在的。语言和思想就是记忆。那么，应对挑战的真的是我们的思想吗？挑战也是一种想法吗？挑战永远是崭新的，可思想和想法什么时候是新的呢？当思想不断遭遇新的挑战时，其所做出的回应难道不是往昔和旧日的产物吗？

新旧冲突时，这种应对将无可避免地变得不完整；这种不完整表现在思想不知疲倦地寻找完满的行为中。但思想和想法真的能变得完满吗？思想和想法是对记忆的回应，而记忆永远是不完满的。经验是对挑战的回应，可这种回应却一直受到往昔和记忆的限制；这样的回应只会加强思维的条件反射。经验不会解放，只会增强我们的信仰和记忆，对挑战做出回应的也正是记忆，因此，经验才是设置限制的那一个。

提问者：那么，思想的地位是什么呢？

克：你问的是思想在行动中的地位是什么吗？想法在行动中真的会起作用吗？想法是修正、控制以及塑造行动的必备要素。可思想并不是一种行动，思想和信仰是对行动的防卫。它的真实身份其实是一个统治者，修正并塑造行为。思想是行为所遵循的模式。

提问者：那么是否存在不遵循模式的行为呢？

克：追求结果的话，行为就不存在了。为实现既定的目标所付出的行动根本不是真正的行动，而是对信仰和思想的遵从。如果某人想获得一致性，那么思想和想法就有发挥的余地了。思想的作用在于为那些所谓的行为创造出一个模式，可在这么做的同时它也扼杀了真正的行为。大多数人都参与到了扼杀的活动中，而思想、信仰以及教条更是助长了这种毁灭活动。行为通常暗含缺乏安全感，易受未知事物伤害的含义，而现有的思想和信仰可以有效阻止那些未知的障碍。思想永远无法洞穿未知事物，碰到未知事物时，思想的运转就停止了。未知事物要远超于思想之上；一旦意识到这一点，思想就会有意无意地攀附在已知事物之上。已知永远无法充分回应未知和挑战；这种不充分不完备的回应恰是冲突、迷茫以及痛苦的源头。只有抛开已知和思想，才能采取行动应对未知，它是无法估量的。

意识的内容是我们的全部存在

从远古时期开始，人类就尝试着过一种完整的没有任何冲突的生活。这种冲突摩擦确实会带来某种特定的行为活动，可这种活动的结果往往会产生极大的危害。为了过上这种完全没有冲突的生活，人们必须深入研究意识问题，而这一问题牵涉到我们的思维、思考结构，牵涉到我们的智力、道德、精神以及有机生命。所以我们必须要探讨接下来的这个问题：身为承载所有思考活动的场所，意识究竟是什么呢？所有这种复杂的、困难的思考活动，相关的记忆以及对未来的规划都属于意识范畴，对吗？意识就是“自我”。这里的“自我”只是一个日常英语单词，不是你们需要学习的一个新的专业词汇。

如果全部意识是由分裂产生的，那么我们的意识就不可能认识到什么才是它的全部。作为意识的基础，如果思绪是支离破碎的，那么当把这个世界视为一个整体来观察时，只会空空如也。支离破碎的意识又怎能把生活看作是一个完整而又没有丝毫分裂的活动呢？而这就是为什么探讨意识的本质是如此重要的原因所在。为了变得有意识，为了觉察，为了理解这支离破碎的一切——当你试图对这一切进行理解分析时，你关注的只是这些片段中的某一段。这种理解仍然是支离破碎的，却是在我们意识中一直进行的活动。

现在，我们要观察生活，而在生活中，爱情、死亡、谋生、关系、研究是否存在上帝都是一些不完整的片段——我们的思想在观察所有这些事情时能否当作一个整体呢？因此，问问自己“什么是意识”是非常重要的。意识只是因其内容而存在，内容构成了意识。我的意识是由我所有的一切条件决定的：我是个印度人，我是个婆罗门，我出生在印度，接受了印度的传统、迷信、信仰、教条、分派、神衹，以及最近获得的一种名叫民族主义的新型毒药，等等。关于过去的有意识及无意识的残留记忆、种族传承以及近期的经历、拒绝和牺牲、气质、满足个人需求的行为，这些都是我的意识的内容，也是你们的。意识正是由这些内容构成的，没有这些内容，意识也就不会存在。

理解这一点非常重要，因为当我们探讨什么是死亡以及什么是爱情这些问题时，就必须要理解这一点，否则这个问题将毫无意义。大脑细胞储存了所有的记忆，这些记忆组成了意识，当我们死亡时，脑细胞会枯萎，其中所存储的回忆、经验和知识都将消失。那么，曾经生活在这个世界上，曾经战斗过、奋斗过、痛苦过、充满焦虑和无尽悲伤的“我”的意识又发生了什么呢？

思维需要理解意识的本质和结构，即“你是什么”，这正你的意识。这个意识及其内容构成了那个被称之为“我”、自我、人以及你的性情、个性、身份的心理结构的全部。虽然必须要用词语来阐述这一观点，但是我们必须深入理解语言之外的意义。两人之间的交流只会在其存在关联时发生，在这种关联中，二者同时都深入、认真地参与同一问题。那么，此时二人之间不仅存在语言交流，更产生了一些非语言交流，而这些非语言交流正是我们这里需要做的。

我们的思维知道我们生存、觉察、冲突的全部内容，都包含在时间、思考、记忆、经验以及知识的范围内，而这些时间、思考、记忆、经验以及知识又包含在意识之中。也就是说，那些所有的宗教形象，两千年来传教士的宣传，抑或是东方三千至五千年来的历史，使我们在阅读文学及其他学科时不自觉地信仰某些事物。意识关乎时间和思维，而上述这些也属于意识的范畴。正如我们之前所言，上述内容构成了意识，意识无法脱离其内容而存在。可现在这一内容被分割开来，由其中的一块片段观察其他众多不同的片段，并试图控制或塑造它们，而这就是我们一直在做的事情——一个自称为高尚、高贵、虔诚、科学、现代或者其他什么的片段，试图在关乎意识的时间范畴中塑造、控制或压迫其他片段。你理解了吗？

因此，我的问题——也是你的问题——我们的问题是：我们的思维如何才能将生活整体视为一个整体运动而不是支离破碎的片段来看待？也就是说，我们的思想能摆脱意识内容的束缚吗？

那让我们换个视角来讨论这个问题。什么是爱情？爱是快乐吗？爱是欲望吗？爱是对那经受了昨日检验的快乐的追求，以及对再次获得这种快乐的渴望吗？无论这种快乐是关乎性爱还是其他。这就是爱情了吗？爱情惧怕嫉妒、焦虑或者牵绊吗？这些就是我们眼中的爱情，对吗？不是？难道我们不是这样看待爱情的吗？

（听众回应说：“不是！”）

嗯，我们觉得羞愧了，是吗？我刚才所说的就是我们眼中的爱情，这种爱情中有羁绊、依赖以及由自身孤独、物质缺乏产生的牵绊感，因为不能独立，我们只能学习和依赖他人。我们依赖送奶工人、铁路员工、警察——这种依赖并不是传统意义上的那种——而是带着所有问题，带着有关源自联系之中的意象——由大脑所建立起来的对他人的意象、附着在这种意象上的事物以及否定一种意象创造其他的意象的问题而产生的心理上的依赖。这些就是我们眼中的爱。然而，牧师们又创造出了另一种形式的爱，即对上帝的爱，因为比起发现何为存在于联系中的爱，爱上由思想或双手创造出来的意象、想法以及象征——上帝，要容易得多。

那么什么是爱？爱是我们意识的一部分。在被称作爱情的事物中，既有“我”，又有“你”。“我”附属于你，拥有你，掌控你，或者你附属于我，拥有我，掌控我。你满足了我身体和性的需求，而我满足了你经济上或其他方面的要求。这就是我们所谓的爱，这是我们意识的一部分。这就是真正的爱了吗？浪漫的爱情，身体上的吸引，对祖国的热爱——这包括渴望杀敌，摧残和伤害你自己——这就是爱吗？很明显爱并非感情主义，多愁善感，并非仅仅是对“你爱我，我也爱你”的漫不经心地接受，也不是爱之美，人之美。那些是爱吗？

爱是思考的果实吗？正如我们所知，我爱你，是因为你从物质、精神和性方面给我带来了快乐；我爱你，是因为我不能没有你，我必须在法律上、道德上、伦理上都拥有你，你必须是我的。倘若你转开了脸庞，我就会怅然若失，会焦虑、嫉妒、生气、辛酸、满腹怨恨，这就是我们所谓的爱。那么，我们要对爱做些什么呢？只是坐下来倾听吗？几个世纪以来，人们就只是坐下来倾听，或者阅读什么是爱情，抑或是听从牧师的讲解，接受他举的那成百上千的例子。这就是爱了吗？那么思想，那作为支离破碎的意识及其内容的思想，能够把这些乱七八糟的例子统统抛开吗？为了能完全独立并且理解何为孤独，并且不从孤独那里逃开，我们可以完全拒绝这所谓的爱和依赖吗？思想能够不仅仅从字面上，而是真正地观察爱，使我们的观察可以拒绝所有干扰变得完全客观吗？

思想能够不随时间的流动而观察意识的内容吗？你们可以理解这一点吗？我们说时间即是思维，这一点是毋庸置疑的。无论这思想是否出自记忆、经验或者是知识——很明显思想确实源于这些——无论我们的思想中是否产生了幻想、错觉，或是规划了一些未来的意象，它仍然是时间的一部分。那么，思想能够观察到何谓爱，而并非什么该是爱吗？而后者同时也属于我们那种所谓的爱的范畴。我们可以不随着由时间衍生而来的思考的轨迹观察吗？那种观察需要极大的注意力，没有这种注意力你是做不到的。

让我们再换个角度探讨这个问题。我们终将死亡，无论我们是年轻人、老年人抑或是中年人，死亡是无法避免的。我们可能死于交通事故、老之将至、疾病、苦恼、疼痛或者是极大的痛苦，而医生却总是给我们开这样或者那样的药来延续我们的生命——我看不出这样做是为什么。死亡总是存在的，死亡即大脑终止运动，带走它所存储的一切记忆、经验和知识。死亡是那曾经在由一系列象征符号、想法、词语组成的“自我”中寻求安全和庇护的大脑的死亡；死亡是曾在神经活动中寻求并找到安全感的大脑的死亡；死亡是在某种信仰中——如我是一名基督教徒，我信仰上帝或救世主，或者我是一名共产党员等——寻求安全感的大脑的死亡，这信仰是一种思想体系，从中产生了所有的神经活动。当全部意识消失时，大脑也就走向了灭亡。

人类一直惧怕死亡，基督徒在基督复活中寻求安慰，印度人和佛教徒则寄盼望于来生。这是一种什么样的来生呢？复活，或是未来，都是什么啊？意识及其内容都已死去，剩下的只有对来生的希望和渴望，我们只能从来生中寻求安慰了。以上这些想法仍然包括在意识的范围内。你可以理解吗？我不知道为什么自己会对死亡投入如此之高的热情，但这就是我的生活——我活着的时候，就知道自己终有一天会死去，于是我试着合理化死亡，关注死亡。我看着尸体从眼前被搬走，看着它们被埋葬或者火化，并对这一场景留下了一个意象。我观察了周遭发生过的一切，我害怕了，我正在担惊受怕，我必须寻求安慰、安全感或者是某种希望，而这些仍包含在意识的范围之内，是活生生的意识。

而当大脑因疾病、事故、年老体衰而走向终结时，会发生什么呢？思想可以充分地觉察到意识即为其内容，没有内容，意识就将无法存在。很明显，当大脑死亡时，意识的内容也就随之消失，“自我”是由思想活动塑造的，是由思想通过环境、恐惧、快乐、事故以及诸多形式的刺激和渴望所创造的意象，“自我”就是我的意识。这种意识——包括记忆、知识、经历的整体活动——在死亡到来时走向终结。我可以把死亡合理化，从这种合理化中寻求安慰，或者从某些思想模式、信仰、教条甚至是迷信中寻求安慰，但这些都不是真实的，同现实完全无关。无论宗教声称他们的教义如何真实可信，都同现实毫无关系，因为这些教义仅仅是唯唯诺诺、道听途说罢了。思想必须自己寻找答案。那么每日都处在各种关系网中的思维，可以摆脱那实质上是关乎“我”及其活动的思维内容吗？当思想、大脑及其身体器官机能已经完全而非理论上死亡时，会发生些什么？这是一直困扰着人类的问题，人类的一生中积累了太多的经验，学到了大量知识，获得了关于众多事物的众多信息，可当一切走向终结时，剩下的就只有死亡。正因为人类无法避免死亡——起码现阶段不能——人类只有抱紧所有那些安抚人心的意象、推断以及信仰：我会生存下去，或我不会生存下去。倘若你确实是带着这些意象生活，意识及其内容就会成为能使人深陷其中的思绪——这就是另外一回事了，因为这一问题牵涉到我们所做的另外一项研究，这里我们将不多做赘述。

倘若现在，今天，今早，大脑真的停止运作，带走了储存在其中的一切记忆、意象和结论——也就是我们的意识，将会发生些什么呢？当我们活在这个世界上，而非在身患重病的十年后，我的头脑、意识，也就是我的“本我”，会带着其拥有的全部内容一起终结吗？思想、意识会清空其内容，然后再清空“自我”吗？你们理解我的话了吗？上述这些事情有可能发生吗？在这儿说完话，我会站起身来回到自己的房间。我知道我的房间一定会存在，否则我就无法主宰这里了，这一点是毋庸置疑的。

因此，知识必须存在。这个知识建立在生成所有思想的经历和记忆中，因此永远不可能是自由或是崭新的。知识是意识的一部分，对吧？你们理解了吗？就像有人和我一同前来，他们或是骑自行车，或是驾车前来，说着不同的语言。这些知识都必须存在，这些知识也都是意识的一部分。但是这种知识是被“我”当作一种分离运动而运用的，“我”是为了获得其本身带来的心理安抚、力量、地位和权力等等而使用知识。因此我会这样问自己：意识能否带着其作为心理活动、“自我”的内容在此刻终结，从而使得思维认识到何为死亡，并发现死后的世界吗？

当你确确实实死去的时候——我希望你不会去世得那么早——当你

死去的时候，以下活动就将发生，对吧？心脏会停止跳动，也不会再向大脑供应血液，那么大脑只能勉强再坚持两到三分半钟的时间，只要没有新鲜血液，大脑就将死亡。脑细胞中储存着你所有往日的活动、意识、欲望、记忆、受到的伤害、焦虑，而这些也将随着大脑的死亡而走向终结。可是现在，今天，当我们仍然活着的时候，上述这些事情有可能会发生吗？如果可以的话，将会发生些什么？这个问题或许没有必要，或许只会使得我们的思维不断逼问这个问题，处在一种时刻惧怕死亡的状态中。但是，倘若我们的思维并不担惊受怕，不试着寻找或追求快乐——这并不意味着你不能欣赏阳光的美丽、叶片的摆动、枝条的弧度或者是观察这样或那样美丽的事物，这些都是真正的享受——那么，这样的思维可以带着其全部内容观察并终结完整的“自我”吗？

这就是所谓的永恒吗？通常情况下，必然的死亡会造就永恒。人类的肉身死去，其本身所拥有的作为意识的内容之一的想法却会成为不朽。于是，人们总是在书籍、诗歌、图片以及自身欲望和成就的实现中寻找永恒，在家庭，在自己的姓氏中寻找永恒。以上这些活动仍旧是时间范畴上的意识及其内涵的一种。因此，倘若在某人仍然生存之时，意识的内涵却已死亡的话，他的思维及其自身的身体会发生什么变化呢？认真考虑一下这个问题，花些时间好好想想，你需要的是深入研究，而非找出一个快速、肤浅或愚蠢的答案。

观察者和被观察者是不同的。观察者是意识的一部分，带着意识的内涵，观察这一意识的其他部分，因此观察者和被观察者之间存在着界限，但观察者同样包含在意识的范围内。那么，当观察者本身成为了他人的观察对象时——这是现实世界经常发生的现实——那么在意识的内容中是否就不会存在观察者和被观察者的不同了呢？这一问题非常重要，我们必须找出它的答案。观察者是意识的内容，观察者会将自身与同样作为意识的一部分的被观察者区分开来。因此，二者之间的界限是虚假的，人为制造出来的。当你们懂得观察者即被观察者时，思绪中所有的冲突就会终止。

让我把这问题说得简单些。人类所有的联系都建立在你对他人以及他人对你所形成的意象上，这两个意象之间发生联系，而这些意象源自你多年的记忆、经验以及知识，是你和别人互相建立起来的。这些也是意识的一部分。但是，倘若你和别人之间不存在意象，这种关系会变成什么样呢？请允许我这样问你——你察觉到自己对他人形成了一种既定的意象并极度依赖这一意象吗？你察觉到你一直坚持对某人的既定意象吗？你意识到这些现象了吗？如果意识到了，那么你能明白你同别人之间的关系是基于这些意象的吗？我们能消除这些意象吗？

那么，什么是关系？你关于自己以及万物的诸多意象组成了意识，当我们消除了这些作为意识内容的意象时，你和旁人之间的关系会变成什么样呢？会出现同被观察者划分界限的观察者吗？或者人与人之间的关系中存在着一种叫作爱情的总体运动吗？爱，而非观察者，存在于关系之中的一种运动。

因此，思维——这里我们用“思维”这个词指代包括大脑、身体器官等等的整体——思维总是支离破碎的，而这些支离破碎的思维组成了人类的意识，但是，倘若这种意识没有内容，也就不存在观察者。观察者不存在时，人与人之间的关联就不会在时间的范畴中出现，这种关联只会在你同他人互相生成意象之时产生。这种意象有可能在日常生活中消失吗？倘若无法摒弃这些意象，我们就不能真正拥有爱，我们只不过是用一种意识的碎片控制、塑造、支配另一种意识碎片罢了。你现在已经听到了我的理论，但不要下任何结论，你需要看看我所说的话中存在的真意——不要仅仅从字面上理解。你能听懂词语的意思，却看不出这句话中的重要意义，可你必须理解这些重要意义，洞察它们，找出其中的真意，看看我说的话究竟“是什么”。

人对生命的理解决定于大脑中早已建立起来的概念

我们会接受那些宣传标语、陈词滥调，或许我们也会创造新理论、新体系，但是上述这些总被困在人类千百年来所承载的意识范围之内。正如我们所知道的那样，意识即为其内容，如果没有内容，意识就无法存在。请按照我之前说的那样，和我一起来研究这些问题。你不能仅仅倾听说话的人，然后选择接受或拒绝他的言辞，而是应该带着集体合作精神一同试着探讨何为外在世界，何为内心世界——无论内在和外在世界之间是否存在联系，又或者二者本身就是不可分割的整体。这才是我们所要关注的。我们要致力于理解这一问题。而这也是为什么我们该主动研究，而非被某人某事指引着去解决问题，只有这样做，我们才能完全摆脱权威和领导者的影响。做调查时，我们必须全神贯注，不能三天打鱼两天晒网。我们必须日复一日、月复一月、年复一年，终生关注这一问题——因为这才是我们的生活。

我们到哪去寻找解决这些问题的合乎逻辑的、明智的、健康的答案呢？这些问题不仅包括存在于外在世界中诸如战争、暴力、狡猾的政客、在对和平高谈阔论时却私下准备战争等等——你知道我们周边都发生了什么，这些事情真是无比邪恶、骇人听闻——还包括我们同这些问题的联系。我们必须确定在这些问题中我们所处的立场以及我们身负的责任。

负责任意味着对正在发生的事情准确、完全地响应；负责任意味着我们必须毕生保持严肃认真的态度，不出任何差错。这也就是为什么当你想同别人分享说话的人说了些什么时，你必须先倾听，找到话语的意义。找出这些意义并不意味着仅仅是复述说话的人所说的话，而是要为自己找出正确的答案。你必须抛开一切偏见、国籍、信仰、经历、知识、希望，抛开这一切的一切来寻找问题的答案，这需要极大的认真。

我不认为我们中的大多数人能意识到这世上究竟正在发生什么。我们会读报纸、看电视、参加政治或宗教演讲，但这些只能给予我们肤浅的解释。但是，倘若某人能跨越这些表面形式，将其搁置一边，更为密切地观察，那他就能看到人类是如何逐渐腐朽和退化的。当人们完全依赖外在世界，即当物质和材料变得至关重要时，人类就会退化。当我们研究这个世界上正在发生些什么时，就会发现不同观点和思想体系之间的分歧，左派、右派以及中间派等政治体系之间的分歧。人人都想整理或试着革新这些不同的机构或政府，可紧接着你们就会发现上述这些仍然是时间、思想以及物质范畴内的行为。

这里我使用的是非常简单的词汇，而非那些特殊用语或词语，它们没有什么隐藏含义，实实在在地存在于词典之中。交流时，我们必须使用简单清晰的语言。在交流中，我们不仅需要了解词语的意思，还要清楚词语背后的含义。只有这时，你和说话的人之间的交流才真正实现。但是，倘若你只困于词语的字面的、语义学方面的含义，就将错失隐藏在词语背后的内容。交流需要对两个方面都投入极大的注意力，必须全神贯注。

当我们观察正在发生的事物，观察那些政客、宗教信徒、各种教派及其种类时，我们关注的实际上是思考活动的运转过程。思想创造了这个世界，这个充斥着政治、经济、商务、社会道德以及全体宗教结构——无论是在印度，还是在其他什么地方——的世界，这个世界基于思想而生，无论这些思想来自犹太人、阿拉伯人、天主教徒抑或是印度人，其本质就是作为物质的一种的思想的基本运转过程。

冥想时，你仍处于这种思维模式中，仍处在由思维组成的意识范围之内。哪怕是当你试着找寻政治方面的答案时，仍然是意识在起作用。我们的一切问题，对找到问题答案的渴望，都属于意识的一部分。如果你曾同某些严肃的政客交谈，你就会发现，无论他们来自印度还是美国，这里还是那里，他们总是试着给出一个答案，这答案或许是一条政治理论，也有可能有关机构改革，可无论如何，这些答案属于由思维创造出来的意识。

我们的思想试着为其所创造出来的意识找寻答案，为其在人与人之间、人与社会之间、人与政府之间催生的一切混乱找寻答案。非常不幸的是，政治在我们的社会、道德以及生存环境中发挥了非常重要的作用。那些政客——如果他们都是严肃认真的——也试着通过身体机能和思想为存在于我们意识之中的问题找寻答案。事实就是这样，这些并非由我自创，不是我个人的想法，而是现实。思想把这个世界划分为美国人、共产党、社会主义者、德国人、瑞典人、印度人、佛教徒以及其他宗教教派。

那么，通过思想的运转，我们能找到解决所有问题的答案吗？即使是你的冥想，即使是你的上帝、耶稣和佛祖等，都是由思想创造出来的。这种思想是一种物质，只能在时间的范畴内运转。但是，倘若思想无法解答这些问题，那么什么东西可以呢？这就是我们接下来要探讨的。

我们认为，通过思想、愿望、野心、欲望以及侵略，任何问题，无论有关人与人之间的联系，还是牵涉到由那些沉浸在传统中的印度宗教师带入印度或美国的在已灭亡的旧传统上生成的新宗教，这些问题都能迎刃而解。

什么是意识？什么是思维的运转？思想创造出了周遭万物，创造出了我们生存的这个科技社会及其科学知识和文化——包括天主教文化、西方文化以及东方文化——这些文化由思想组装在一起。上帝、救世主——正是由我们的思想创造的。并不是上帝，而是我们经由脑海中的意象创造了上帝，我们追随这一由思想创造的意象，从而形成了宗教活动。

当某人说“我是有意识的”，这句话里暗含的意思是我同周围正在发生的一切一样，是有意识的。说的更深一点的话，就是我觉察到意识中正在发生什么事情。对意识内容的研究往往暗示着深层次的东西——如果在所谓的意识背后确实还存在着某些事物的话。你们所有的冥想、对快乐的追求、恐惧、贪婪、嫉妒、残忍、暴力都处在意识的范围之内，而思想却总是尝试着超越意识，渴望变得难以言喻、不可名状而又妙不可言。

意识的内容即为意识。你们或他人的意识就是其内容。如果意识产生于印度，那么那个国家所有的传统、迷信、希望、恐惧、痛苦、焦虑、暴力、性欲、野心、信仰、教条以及心跳都是其意识的内容。无论是在东方或西方，意识的内容都是极其相似的。

如果可以的话，好好看看你自己的意识。作为一名基督徒，你在一种宗教文化中成长，一方面信仰救世主、仪式、教条和教义，另一方面又接受社会上那些不道德的事情，容忍战争、种族主义和种族分化，然后限制经济扩张，更不再为别人考虑。无论在西方还是东方，不幸、野心、恐惧、贪婪、野蛮、欲望、孤独、悲伤以及自我封闭、孤立、挫败、迷茫、痛苦，以上这些都属于意识。或许以上这些情绪有不同的表现形式，或许还会有一些快乐、幸福的情绪，或许在知识方面会有差异，以上这些情绪都是意识的内容。

正如我们所知，没有内涵，意识就无法存在。我们在学校学到的知识其实是基于更多知识和信息的基础之上，而它们也都是在意识的范围内运转工作的。任何基于一个新政治理论或者是源自马克思主义或其他已有的理论而来的政治改革，即使有所创新，仍属于意识范畴。因此，当人们经历痛苦、伤心、孤独，惧怕死亡，更惧怕生存时，就会希望那些伟大人物——比如一个新的救世主，或者是一名新政客——的出现，解救他们于水火之中。在这种迷茫的心境中，我们显得那么不负责任，只因为自身的混乱，我们就创造了新的霸主，希望他们能在意识的领域中重整新秩序。在我们的所处的外在世界和内心世界中，这样的事情一直在上演。

那么我们该怎么做呢？别去考虑那些政客会怎么做，因为他们和我们一样，一头雾水、满腹牢骚、野心勃勃又满怀嫉妒。我们选择的任何领导者都和我们没什么差别；和我们完全不同的领导者又不会被我们所选择。这就是我们生活的真实画面：冲突，无论是外在的还是内在的；斗争，一方反抗另一方，以及骇人听闻的自私自利——你知道全部的画面就是这样的。

第一件困惑我们的事情是，倘若我们是认真的——当这世界是如此不幸时，我们必须认真对待——我们要通过认真、缓慢、耐心、迟疑的研究来发现是否有不通过思考而解决问题的办法。有没有不基于思考的行为呢？有没有并非思考机能或思考成果的智慧呢？也就是说这种智慧并非由思想组合在一起，并非来自狡猾奸诈、冲突或斗争，而是某些完全不同的东西。这就是我想和你们交流的问题。因此，我们不仅仅需要倾听别人说话——还要研究倾听这种行为。我们是如何倾听的呢？我们真正倾听过吗？我们可以自由自在地倾听吗？还是总带着狡猾的思考、自己的解读或者是偏见聆听别人？如果我们是自由的，就要倾听意识的内容。不要只听那些表面上简单肤浅的东西，而是向深层次探索，也就是倾听意识的全部。

那么问题来了：我们该怎样倾听和观察意识呢？说话的人出生在某个国家，是个婆罗门，那么他就吸收了这个国家的所有偏见、不合理、迷信、信仰以及等级差异；年轻的思维会把大众施加给他的传统、道德、正统以及诸多纪律统统吸收。当他搬到西方居住时，又再次吸收那里的风俗传统等。此人意识的内涵包括主动放入的、学习到的东西，以及他的思想和感情等。在意识的领域里，上述问题他都不能避免——无论是政治方面、宗教方面、个人方面，还是交际方面——所有的问题都在这里。没法自己解决问题，他开始翻阅书籍、询问他人：告诉我该做什么，怎样冥想，该怎样处理我同妻子、女友或父母的关系，我该信奉耶稣还是佛祖，还是满口胡说八道的古鲁？——对新的生活哲学、政治哲学等等的寻找，都属于意识的范围，而我们人类从远古时期开始就在这么做了。

在那一领域中没有答案。你可能几小时几小时地沉思，摆着一个固定的坐姿，用独特的方法呼吸，但这仍处在这种意识的领域中，因为你总想从冥想中得到些什么。我不知道你是否理解了这一点。因此，意识的内容包括枯燥、愚蠢、传统思想以及对所有感情的识别——否则这些就不是感情了——在意识中，起作用的总是那回应记忆、知识、经验的思想。思想能看到这一点吗？你能看到思想是如何运作的吗？当你观察的时候，谁是观察者，谁关注意识的内容？它同意识的内容不同吗？询问并找到这一问题的答案非常重要。观察者不同于意识的内容吗？观察者可以改变、调整并超越意识的内容吗？还是说观察者即为意识的内容？

首先，如果观察者——那个正在观察的“我”，“自我”——不同于被观察者，那么二者之间就会生成分裂，最终导致冲突。我不能这么做，我得那么做，我必须放弃一种偏见，采取另一种形式的偏见——放弃曾信仰的神明而信仰新的神明。因此当观察者和被观察者之间出现裂痕时，就会生成冲突。这是一条定律，也是一条法规。那么我是否像个局外人一样从外部观察思维的内涵，调试其中的某些部分，重新搁置另外一部分呢？还是说我作为观察者、思考者、有经验者、同有经验的被观察者看到的和理解的没有什么不同呢？

如果我以局外人的视角观察我的意识内容，那么观察者和被观察者之间就会存在分化。那么，当我听从了观察者和被观察者之间的分裂会导致冲突这一观点时，会发生些什么呢？这种分化中必定会存在冲突，而我们正生活在这种冲突之中，包括“我”“非我”“我们”和“他们”。如果作为观察者的“我”，试图控制、压抑、操纵、战胜愤怒以及其他负面情绪，就会产生冲突。但观察者真的与被观察者不同吗？还是说在本质上二者并无差异？倘若二者相同的话，冲突就不会存在了，是这样吗？对这一问题的理解就是智慧。然后在没有冲突的影响下，智慧顺利运转。

如果你无法理解这一点，就真的太遗憾了。人类生活在斗争中，却总渴望和平，可不经过冲突，就无法带来和平。无论你使用多少武器对抗与你势均力敌的对手，你都不会享受和平。只有当智慧发挥作用时才会有和平，只有当你理解了观察者和被观察者无异之后才能获得这种智慧。洞察了这一事实、这一真理才能获得这种智慧。你明白了吗？这是一个非常严肃的事情，获得了这种智慧之后，你就会忘记自己的国籍——你可能会有自己的护照，却成为了无国籍的人——不再有信仰的神祇，也不再有外在世界或精神世界的权威。剩下唯一的权威就是智慧，这并非那些狡猾的、仅在特定的领域运转的思想和知识——这些可不是智慧。

因此，当你审视自己的意识时，这一点是你首先要理解的：那些思想者和思想之间的区分、观察者与被观察者之间的区分以及经历者和所经历的事物之间的区分都是虚假的。倘若你不思考，就不会存在思想者。思考创造了思想者。这就是我们首先要理解的，要洞悉这观点的真相、事实，使它们变得像你坐在那里一样清楚明确，这样观察者和被观察者之间就不会再出现冲突。

那么意识的内容，无论是公开的还是潜在的，究竟是什么呢？你能找到答案吗？但不要在这里下功夫，问题的答案不在这里，而是在你的人际关系中，是一面你看得到的镜子。不要闭上眼睛，你需要走入森林，回想某些梦想；你会在男性和女性的关系中，在你和邻居、政客、神明以及古鲁的关系中观察自己的反应、态度、偏见、意象以及不断的探索——意识就存在于它们之中。你们现在正在做的只是耕地，持续不断地耕地，却不往地里面洒种子。唯有当你观察了自己所身处的各种联系并看清正在发生的为何物时，才可以开始播种。

然后我们要从倾听过渡到观察。你可以尽情观察，并开始区分众多品质、倾向等。但是，倘若你把自己当成与被观察者不同的观察者看待，就注定会制造冲突乃至更深层次的折磨。当拥有洞察力时，你就会发现，事情的真相是观察者即为被观察者，所有冲突就随即消失了。然后，另外一种完全不同的能量开始发挥作用。能量的种类有很多：从良好的膳食中获得的机体能量；由感情主义和多愁善感中生出的能量；在冲突和紧张中由思想创造出来的能量；我们一直依靠这些能量生存。为了解决问题，我们需要更多的能量，因此到现在为止我们依然试着在这个领域里找寻更多的能量。当思维在智慧而非思想的领域里中完全运转起来时，就会产生一种完全不同的能量，这种能量的延续采取了一种完全不同的形式。

思维能不带任何倾向性地观察其内容吗——不是对其内容的任何一部分进行选择，而是完整地观察整个内容？怎样才能完整地观察意识及其内容呢？比如我来自英格兰，我跨越了英吉利海峡来到了法国，打开法国地图找到了通往瑞士格斯塔德的道路。我知道这之间到底有多少英里，我知道具体方向，因为格斯塔德是被清楚地标注在地图上的，所以我可以不费吹灰之力看着地图前进。在这么做的同时，我并没有关注地图上的其他部分，因为我知晓了想去的那个方向，因而排除了其他方向。

思维也会以同样的方式沿着一个既定的、看不清全局的方向不断探索。如果我想找到某些东西，某些我认为是真实的东西，就会定下寻找的方向开始追寻,那么思维就无法看清全局。当我观察意识的内容时——我的意识同你们的是相同的——就会定下一个既定的方向以期实现目标。朝着既定的目标前进，寻找某种快乐，不想做这样或那样的事情，这些都会让人无法看清全局。如果我是一名科学家，如果我有某种天赋，我就只会在一个特定的方向里进行研究。但倘若我只沿着这个特定的方向前进，思维就无法看清全局，也无法认识全局的宏伟。

那么思维能够不带任何方向性吗？这是个困难的问题——请好好听我说。当然当我从这里回家，开车或者是做某些技术活时，脑海中必定要有一个方向——上述这些例子都是思考的方向。但我这里所说的是理解了方向本质的思维，这思维能够看清全局，当它看清全局时，才能在特定的方向中正常运转。

你们明白这点了吗？倘若我脑中有一整幅图画，就可以选择其中的细节。但倘若我的思维仅关注细节，就会忽略全局。如果我关注自己的想法、焦虑、想做的事情以及必须做的事情，就看不到全部——这一点很明显。如果我由印度而来，带着那里的偏见、迷信和传统，就无法看到意识的全部。因此我的问题是：思维能完全摆脱既定的方向吗？——当然这也不意味着我们不需要指导方向。当思维在意识整体中运行时，所需的方向就变得清晰、强烈、有效。但当思维仅在一个由意识自身设定的模式方向中运行时，就无法看清全局。

意识是有内容的——这内容构成了我的意识。现在我能够把意识作为一个整体来看待吗？无须指导方向，无须评判，无须选择，只需观察，这意味着不再存在观察者，因为观察者代表着过去——我们可以带着并非由思想构建的智慧进行观察吗？因为思想也代表着过去。就这么做吧——这需要大量的训练，并非有关压迫、控制、模仿或者从众的训练，而是某种展示真理的行为。真理的运转创造了其自身的行为，这就是训练。

当你用身体语言、用走路的方式、用坐和吃东西的方式、用你的行为方式同别人交谈时，你的思维能够观察其内容吗？行为指明了意识的内容——无论你是为了快乐、奖励还是痛苦这些隶属于意识的部分而行事。心理学家是这么说的，到目前为止，人类的教育模式是按照奖惩好坏来制定的。现在他们又说我们必须在受教育时遵循奖励原则，别惩罚受教育者而是奖励他——这两种方法其实是一样的。这些心理学家从一种看法转向了另一种看法，并认为他们可以解决任何事。如果能看清这套奖惩机制的荒唐，你就能看到思维的全部。当你们看清楚思维的全部之后，智慧就开始在你行事时发挥作用了。我们并不是根据奖励或者是惩罚做事的。

行为会暴露思维的内容，你或许可以把自己藏匿在圆滑的、训练有素的行为之后，但这行为实在是过于机械化。从这种机械化的行为中又产生了新的问题，那就是思维完全是机械化的吗？或者大脑中有完全非机械化的组织吗？

我会重新解释一遍之前所说的话。在外部世界，比如充斥着新政治理论的政治世界，或者是经济、宗教以及群居等等世界中，人类永远在探求。这里会有新的上帝，新的古鲁，新的领袖、当你清楚仔细地观察这个世界时，就会发现人类的大脑是在思想的领域里运转。基本上来说，思想永远不会获得自由，思想永远是陈旧的，因为思想是对作为知识和经历的记忆的回应。思想是一种物质，属于物质世界。我们的思想正试图从这物质世界逃脱出来，从而进入一种非物质世界，但通过思想逃入这种非物质世界的行为仍旧是一种物质过程。

无论是个体还是集体，我们在道德、社会和经济方面都有着这样或那样的问题。从本质上来讲，个人是集体的一部分。由于喜好、职业、心情等方面存在差异，个人与集体是不同的。但从本质上来说，个人是文化，是社会的一部分。这些都是正在上演的与我们息息相关的事实。内心世界发生的一切与外在世界极其相似。我们正试图通过思想——由希腊人经由政治哲学、数学等等传递给西方人的思想——的运转找到人类生活中各种问题的解决方法。思想并没有发现任何一个答案，也永远不会发现。因此我们必须深入思想的完整结构以及创造了意识的内涵中找寻问题的答案。必须在各种关联以及日常生活中观察思想的运作。这种观察指的是拥有一种洞察力，能够洞悉观察者是否不同于被观察者。因为倘若二者存在差异，就会不可避免地产生冲突，正如两种理论一样——两种由思想创造出来，受到产生这种思想的文化制约的理论——存在冲突。

那么，你们可以在日常生活中观察到这种现象吗？在进行这种观察时，你们会认识到自己的行为——无论这行为是否基于奖惩原则产生，无论有多圆滑老练，我们大多数人的行为都是这样产生的。从这种观察中我们开始认识何为真正的智慧。真正的智慧并不来源于书本或是经验，来源于书本和经验的不是智慧。智慧与思想完全无关，只有当思维看清那漫无边际的全局，而非我们自己的国家、问题、信奉的神明、冥想或是对是与非的判断时，智慧才会运转。智慧会看到生命之真意，其品质拥有极大的能量。

脱离意识的束缚，你便独一无二

现在我们要探讨另一个问题：即组成意识的内容，可以被我们完全清空吗？这个想法是不切实际的吗？你们可以明白我的意思吗？意识的内容即思想、累积的知识以及从传统、文化、斗争、痛苦、悲伤以及欺骗中收获的经验。没有内容，何来意识？正是经由其内容人们才了解了自己的意识。我可以是个印度人、佛教徒、基督教徒、天主教徒、共产党、社会主义者，也可以是一名艺术家、科学家或者哲学家。我对这幢房子有归属感，她是我的妻子，你是我的朋友，这四五十年来乃至上百年来我所构建的意象、结论以及记忆等，这些都是意识的内容。

上述这些内容即为我的意识，你们的也是这样。而意识关乎时间，因为意识关乎思想和评论——比如对比、评估、判断——所以总受时间的限制。在时间的领域里，遍布了我的有意或无意的思绪。在这个领域中，任何运动都隶属于意识及其内容的范畴。因此在意识及其内容的领域里，空间是十分狭小的。让我们一起理解这一点，让这知识真正成为你的所有物。到那时，你将摆脱一切领导者、一切教义，用自己的思绪学习，从而蕴藉能量，到那时，你将满怀激情。可是一旦你像一只忠犬一样盲目服从别人，你就将损失所有的能量。

正如我们所说的那样，在时间范畴内意识及其内容的领域中，空间是非常狭小的。我们可以通过想象和发明、通过数道程序、通过更多仔细、严谨的思考扩充这一空间，却仍然无法摆脱意识及其内容这一领域的有限空间，你们能明白这一点吗？

因此任何试图超越这一空间的尝试是徒劳无功的。这就是为什么你可以服用任何药物，比如迷幻药、大麻、鸦片等，产生的幻觉仍旧是意识范畴内的思想活动；或许你认为你已经超脱了这个狭隘的空间，这只不过是你的想法，事实上你仍然在那里，你可能只是体验了意识内容深层次的东西。所以我们可以看到，无论如何扩张，意识内容中的空间——即“我”、自我，以及所谓的个人——只要是在意识的领域内，就永远是有限的。因此，要想超越意识的范围达到某种境界，就需要构建假象——你们可以理解吗？印度古鲁们告诉你的所谓不需要理解以及清空全部意识内容就能达到那种境界完全是荒唐的。为了得到某些东西而仅仅做一些练习就像是盲人为盲人带路，而大部分的印度古鲁都是盲目的，他们的信徒也是这样。

因此问题来了：思绪就是其内容，大脑有关过去的经历，而思想就是凭借这些过去的经历运转，因此思想永远受到束缚，永远是陈旧的。问题是：我们该如何清空意识？不能通过某种方法，因为一旦你练习某种别人介绍给你的或者是自己创造出来的方法，这种练习就会变得完全机械化，从而使一切练习仍旧被束缚在时间和有限的空间里。

我不知道你们是否曾考虑过或深思过什么是空间——这空间并非科幻小说上所描述的那种时空或永恒，而是探索和研究到底何谓空间。我们接下来就要这么做。思维能看到它本身的局限性吗？一旦理解了这种局限性，我们就能跨越它。要考虑的不是如何清空思绪，而是理解组成意识的内容，把它当成一个整体看待，然后观察并倾听意识运动的全过程——一旦理解这一点，意识的运动就会结束，因此我们所关注的并非是如何遏制意识。如果我看到某事是虚假的，那么对虚假的理解即为真。理解了自身的嫉妒，我就真正从嫉妒中解脱了出来，看到了真实。也就是说，只有当观察者不复存在时，我们才能清楚无误地观察——因为观察者关乎过去，关乎那些意象、结论、观点和评判。只有这样思维才能摆脱意识内容的运动，摆脱意识的局限性——即意识及其内容那些缺乏空间以及受时间限制的特性——清晰地观察一切。

你们能明白这一点吗？只有在安静观察，当言者完全闭嘴之后，你们才能看清意识的全部，无论是那些有意识的内容还是无意识的内容。也就是说，如果我想看清你，就决不能用一个模糊不清的视角，我要有非常好的视力看清你的整体轮廓，你的头发，以及脸部的骨骼结构等等；我必须看得非常清楚，这意味着我必须全神贯注，在这种全神贯注中获得能量。但倘若你们为了集中注意力而付出努力，这种努力就成了一种无用功。试图控制注意力也是浪费能量的一种行为——控制暗含着遵从，比较和压迫——这些都是浪费能量的行为。理解力存在时，注意力也就存在，这注意力就是全部的能量，我们在全神贯注时是不会浪费它们的。

当你们带着能量观察那些有意识和无意识的内容时，思绪就处在放空的状态，这状态不是我虚构出来的假象，不是我的想法，也不是我得出来的结论。如果我下了个结论，并认定这结论是正确的，我就会陷入假象之中，倘若知道这是假象，我也就不会浪费口舌了，因为这样做就像是盲人为盲人指路那样毫无意义。但你们可以自己发现我话中的逻辑和明智之处。也就是说，如果你们认真倾听，投注了注意力，如果你们真想了解，就能够发现无意识及其内容能否将其深奥内涵全部展现出来的这一问题的答案。

首先要理解问题然后从问题出发。像生活中的其他事物一样，我们把意识分为有意识和无意识两部分——就像划分艺术家和商人那样；这种区分和分裂的存在是由我们的文化和教育所引发的。那么你们就要问问：意识和无意识之间存在分别，可无意识也有自己的动机、种族传承和经历等——这些是如何被曝光在智慧和理解力的强光之下的呢？你们问过这样的问题吗？倘若你们问过，那么你们是站在一个分析者的角度分析那些分化、对立、冲突或者悲伤等这类事物吗？这一点非常重要，倘若你们宣称自己确实不知道怎样曝光意识潜藏的全部结构，那么当你们带着这种不知道的心境研究问题时，就能踏上了解的道路。但倘若你们有任何形式的结论或者意见，持肯定或者反对的态度，认为思维应该是这样不应该是那样的话，那么当你们研究问题时，你们的思维已经给出了或者是否定了问题的答案了。

因此，当思维说“我不知道”时，它说的是实话，它是诚实的——或许某些哲学家、心理学家或者是分析家的介绍会让你了解一些事情，可这并不是你真正的理解——这只是他们的理解，你不过是试图进行翻译并理解他们的话而已，这些都不是真实的。你们理解了吗？当你们说“我不知道”的时候，意识的内容就不再重要了。请务必理解这一点，因为此时你们的思维才是鲜活的——你们明白了吗？说“不知道”的就是一个新鲜的思维。当你们不仅仅是图口头之乐而是真正深刻诚实饱含深意地说“不知道”时，这说着“不知道”的思维才完全清空了所有的意识，因为正是我们知道的东西组成了意识的内容。你们明白了吗？理解了吗？

因此思想永远都不能说“我知道了”，只有这样，它才能永远保持新鲜、鲜活和运动的状态，才不会驻足不前——只有停滞时，思想才会收集观点和结论。现在我们开始冥想，冥想是每分每秒对真理的理解——这还不是最终的真理。我们要每分每秒都理解真理，理解意识的内容即为意识，要看清“我不知道如何处理这件事情”之中存在的真理，这些才是真理，不是知识；因此，“不知道”是一种摆脱意识内容的状态。这状态其实很简单——我们却一直反对它！我们想得到一些更聪明、更复杂、更做作的东西，反对看到那些极度简单却又极度美丽的事物。

因此我们的思维，也就是我们的大脑，能够看到由时间和空间所带来的束缚和限制吗？只要人们生活在时间和空间的限制中，就肯定会遭受痛苦、心理上的绝望、希望以及焦虑等。所以当思维理解了其自身的局限性后，时间会变成什么样呢？有没有思想无法碰触、无法描述的次元存在呢？之前已经说过了，思想是测量尺度，是时间，我们靠着测量——这包括比较、评价和形成等等——过活，作为测量尺度的思想试图实现自我跨越并为自己找寻某些无法丈量的东西。看到这种想法的错误之处了吗？你们理解了吗？真理即是看到错误，而当思想寻找那些无法测量、与实践无关、不受意识内容狭小空间限制的东西时，错误就会发生。

无选择的觉知

无选择的觉知指的是不加选择地觉察到所有客观的、外在的以及内在的事物。我们要觉察到各种各样的色彩，觉知到这顶帐篷，周围的树木、山川以及大自然——仅做到觉知就够了。别挑三拣四的，说“我喜欢这个”“我不喜欢那个”，或是“我想要这个”“我不想要那个”。我们要摆脱观察者的身份进行观察。观察者总是受到过往的牵连，受到制约，故而总是以一种局限的眼光看待事物，因此也才会产生这些喜欢与不喜欢，我的种族和你的种族，我的神明和你的神明等等诸如此类的看法。我们所宣扬的觉知指的是去感受，去观察你们周围的环境，看那群山，那树林，那丑陋的战争以及各式城镇。而在这种观察中，任何决定，任何意愿或是任何选择都是不存在的。

自由存在于对日常生活及行为不加选择的觉知之中

思维究竟能变得永远无拘无束，还是永远受时间的限制？这确实是个极其重要的问题，需要大量的探索和调查才能找到答案。存在于这个世界之中的我们的思维，必须时刻应对所有日常问题——那些互相矛盾的欲望，完全相反的原理，周遭的影响，其他各式冲突，以及所有的痛苦折磨和往昔的快乐——这样的思维能永获自由吗？永获那种从根本上解放出来的深刻的而非肤浅的自由吗？正如我们之前所问到的那样，人们生存在这个极端复杂的社会中，需要挣钱养活自己，养活家庭，不断地竞争与索取。这样的人能够摆脱这些的束缚，获得真正的——而非抽象、空泛或是概念上的想法或信条——自由吗？

“获得自由”只是一种抽象概念，真正的自由在于观察其本质并超越它。别把二者搞混了。但请先听我一言，只需听听就够了，不用接受或否定我的观点，只要你们有这种对倾听的敏感性，无须得出什么结论，无须做出自卫性反应，无须拒绝或将我们所说的内容转化为自己的语言。像听乌鸦的呱呱叫那样——乌鸦们是很聒噪的，总是飞来飞去，找寻能让自己不受干扰安然过夜的树枝——倾听并保持安静就可以了。听乌鸦叫唤的时候你们可没法对这些聒噪的声音采取什么手段，也没法让它们别再叫唤了，只要听着就行了。但倘若你们抗拒乌鸦们发出的噪声，这种抗拒的心理就只会剥夺倾听这些叫唤的自由。也就是说，如果你们拒绝这种噪声，因为你们“想听一些实在的东西，而非这些乌鸦发出的讨厌的噪声”的话，这种抗拒就将成为阻止你们倾听的元凶，并随之被剥夺你们倾听的自由。

现在，如果你们愿意的话，请不要仅聆听字句或只关注字面含义，请试着理解“自由”这个词完整的内在含义。接下来我们会一起分享下面的这个问题，共同探索、调查并理解自由的真实含义。思想——即你们的思想——饱经时间的历练，在时间的历程中不断进化，积累了成千上万种经验，受到各种文化的制约，这样的思想能真正获得自由吗？不是指乌托邦式的或是宗教意义上的，而是真实地存在于这个充满困惑和矛盾的世界上的自由。

我们接下来就得问问，这种思想，这种你们深刻了解并观察过的思想，能获得无论是表面还是深层内在方面的完全的自由吗？因为倘若无法为自己找到这个问题的答案，我们就将永远活在时间——往昔的时间、思考的时间以及悲痛的时间的牢笼之中。除非我们能发现问题的真相，否则我们就得一直受困于冲突、悲伤以及思考。我不知道你们是如何看待这个问题的，我要的不是你们的宗教导师、梵歌、奥义书、印度古鲁的看法，也不是那些由你们的社会结构或经济条件所决定的态度，而是你们自己的想法和言论，这些可比所有书籍加在一起所传达出的知识重要得多。也就是说，你们需要自己找到问题的答案。永远不要重复他人的观点，先探索自己的想法，并做出检测，检测自己的所思、所见，而非他人的言语。这样，你们才能摆脱所谓权威的束缚。

正如我之前所说的那样，请你们进行聆听。在聆听的同时，做出反应，也就是说，在聆听的同时找出这种行为的真谛。我们不得不仰仗那些科学知识，他人的实验、他人对数学、地理、科学以及生物知识的总结。这是不可避免的。如果你想成为一名工程师，就得掌握别人所收集的那些有关数学、结构，以及压力等等的知识。但倘若能为自己找到问题的真相——前提是真相确实存在的话——你们很可能就不会像先前那样采纳由别人的言论中所积累的知识了。

重要的是你们自己的想法和生存方式。为了找出这种生活及行为方式，以及自己的所作所为，你们需要完全摒弃那些专家和教授们为自己的生活所提出的指导。请一定要理解这一点。自由不是纵容，自由是人类思维的必需品，只有在自由的参与下思维才能健康、正常以及理智地工作。正如我所言，从某物中获得自由——例如从愤怒、嫉妒或是野心中解脱出来——只是一种抽象概念，因此也并不真实。一个对自己说“我必须摆脱愤怒或嫉妒的约束”的人并不会得到自由；但是一个说“我必须观察愤怒的真相，观察愤怒究竟是什么，并了解愤怒的整体结构”，从自身出发进行直接的观察的人才会通过这种观察——而不是通过他人的培养——找到真正的自由。在怯懦的人身上培养勇敢的品质并不会得到自由。理解胆怯的本质和结构并保留它，不试图压迫或超脱它，而是留着这种怯懦，审视它，了解它，并能立刻理解它的本质，这样的思维才是能真正从胆怯和勇敢之中挣脱出来的自由思维。也就是说，即时的理解才是自由，他人的教导和培养则不是。他人的教导总是同时间牵涉在一起的。

思想即为时间

当思维觉察到混乱时，在这种觉察之外就能盛开秩序和美德之花。当这花已经深深地、诚实地扎根于土壤之中时，我们就能深入探讨是否有神圣之物的问题了。为了研究这个问题，我们必须调查时间和思想的本质。

除非时间停止，否则思维无法理解任何神圣、任何新鲜的事物。因此，探究思考是否与时间有关以及何为时间，这一点非常重要。很明显我们可以通过手表、今天、昨天以及明天了解时间，制定计划，从这边走到那边，打算做某事，学习某种语言，学习开车，做技术性工作，这些行为都需要时间来完成，都与冥想有关。

如果不考虑时间从古到今的流逝的话，究竟何为时间呢？时间是心理上从这里到那里的运动，就如同我们从这里走到那所房子那样。因此二者之间的运动需要花费时间，跨越二者之间的空间也需要时间。我们的身体从这里走到巴黎、纽约还是任何想去的地方，也需要时间，最起码是我们需要时间的运动。除此之外，心理上将“这是什么”改为“这应该是什么”还要花时间。因此时间是由思想创造的从此处到达某处的在空间中的运动。因此，思想就是时间，思想就是时间的运动，你们体会到这一点了吗？我们是一同前进的吗？

理解思想即时间，这需要我们投注大量注意力、关注力以及那种非个人的、无关享乐的、欲望无法打扰的感觉。要做到这一点需要极大的关注，从这关注中生出了其自身的秩序，自身的纪律，因此思想是在“是什么”以及“应该是什么”之间的运动。思想是跨越空间的时间，只要我们觉得时间和空间之间存在区别，就永远存在花费时间的思想。因此思想是时间的运动，那么当只观察“是什么”——这是真正的观察，而非观察者和被观察者那一套，也没有超越“是什么”的运动——的时候，作为运动和思想的时间还存在吗？对思维来说，理解这点是非常重要的，因为思想可以创造有关那些神圣之物的最为不可思议的意象，因为所有信仰、教条和美德已经被深深嵌入了我们的脑海之中。除非我们能完全理解作为时间的思想及其运动，否则思维无法超越自身。

为了把“是什么”转变为“应该是什么”——即理想，我们接受了训练、教育和培训。“理想”这个词源于“想法”，而想法只意味着观察而已。别把你们看到的东西抽象出来，和那些东西待在一起就好。我们接受了把“是什么”改变为“应该是什么”的训练，这种训练是一种跨越“二者之间间隔的空间”的思想运动，这运动需要花费时间。空间中思想的运动就是时间，对改变“是什么”和“应该是什么”来说，是必不可少的。

但观察者即为被观察者，因此没有什么可改变的，因为只存在“是什么”而已。可由于观察者不知道怎样处理“是什么”，只能尝试各种各样的方法改变它，并试图控制或压迫它。但是观察者即为被观察者，“是什么”就是观察者，正如愤怒或者嫉妒——嫉妒也是观察者，观察者无法避免嫉妒，它们是一体的。因此当我们不再做改变“是什么”的运动时——即时间范畴上的思想运动——当我们的思想理解了我们不可能改变“是什么”时，这种对“是什么”的探索就完全停止，因为此时观察者与被观察者融为了一体。深入研究这个问题，你们会自己找到答案，这答案是如此简单。

我不喜欢某些人，我认为这种不喜欢同“我”是不同的，可那种不喜欢的实体就是不喜欢本身，二者之间没有分别，当思维说“我必须克服这种厌恶感”时，为了战胜这种由思想创造的厌恶感，我们就必须得花时间。然而当我们发现观察者、实体以及被我们称作厌恶的东西其实完全一样时，就不会再行动起来，这并不代表我们完全处在了静止的状态中，而是不再发出动作，陷入完全的安静之中。这时，作为一种运动，作为追求结果的思想的时间，就会完全停止，所有的动作都会在瞬时发出。然后思维建起了基础，从混乱中解脱了出来。在这个的基础上，美德这朵鲜艳的娇花才会绽放，在这个基础上我们同他人之间的关系将不再受意象的束缚，只存在关系自身，再也不会有互相适应调整的意象了。这时只会存在“是什么”，它也不会再被我们所改变。因为改变或者转化“是什么”需要思想在时间的范畴内运动。

理解了我的话后，你们的思维和脑细胞就能完全静止。之前，存储了记忆、经验和知识的大脑，可以也必须在已知的领域内运行，但现在，思维和大脑可以从时间和思想的运动中解脱出来了。解脱出来后，思维就会完全静止，以上这些现象必须在我们不做任何努力的情况下发生，在没有任何纪律、控制这些属于混乱的感受中产生。我们说的和你们的古鲁、“大师”以及禅师们的言论完全不同，因为我们的话中没有权威，不需要听从别人。追随某人时，你们毁掉的不仅是自己，还有你们追随的那个人，因此对于一颗虔诚的头脑，权威之类的东西是不存在的，但它会获得某些知识并运用这种知识。我们周围存在着科学家、医生以及先驱者，他们拥有权威，当这些人都不复存在时，权威也就消失了，印度古鲁什么的也将不复存在。

时间是人心之敌

我们已探讨过时间的本质，现在我们要再次谈一谈，请别觉得不耐烦。我们说过，时间有关过去，有关未来，而未来又牵涉到现在。未来与我们现在的状态息息相关。倘若我现在是个暴力分子，又不想从根本上改变现状，那么我的未来也就这么定下来了。你们明白了吗？这一事实不只是我的，也不仅仅是你们的，因为真理不属于个人，也没有什么获得真理的捷径，我们必须共享它。无论在过去，未来，还是现在，真理永远为真。真理合乎逻辑，合乎理智，是无法用智慧予以驳斥的。你们有时可能不喜欢它，毕竟对于各种各样的事物，我们要么喜欢，要么就不喜欢；我们不想真正面对某事，宁愿忽视它们。正因为我们是——我希望是这样——认真的人，让我们一起简单地看看这个情况——时间，无论是过去的、现在的还是未来的，都与当下有关。

那些以自我为中心的人，会变得越来越坐井观天。这种以自我为中心即使自我感觉良好，也只不过是自我而已。倘若我把自己同自己的国家、民族、宗教、迷信等相等同的话，这种认同感就成为了以自我为中心的延展，虽然使用的字眼不同，但基本上这些认同的过程就是以自我为中心。言者并非试图说服你们什么，与此相反，你们要怀疑、提问、探讨，就是不要随便接受言者的观点，要带着批判和尖锐的头脑检验它。

事实是，我们生存在一团混乱之中，这一点我们不能否认。掩盖事实，从这里逃开是没有用的。我们人类生活在混乱之中，憎恨、喜爱、焦虑、渴望安全感、因为我们永远生活在战争和死亡的威胁之下，所以总是胆战心惊。我们生活在混乱之中，时间会解决这无序的现状吗？据考古学家和生物学家考证，我们已经作为人类在这地球上生存了四五万年了。可即使经过了长期的进化变成了现在的样子，我们仍生活在冲突和混乱之中。

哪怕是这么长的时间也没有解决问题，因此我们或许误解了时间，也就是说，我们曾希望在未来的四万年之内，通过获得大量的知识，并凭借这知识继续进化，最终就能化解冲突和混乱，可现在看来，这想法或许并不可行。依赖时间时，我们就误解了时间的真意。我过去是这样的，或者现在是这样的，那么给我点时间让我做出改变。可纵使我们拥有四万到五万年的时间，却仍活在一种原始的状态之中，因此我们对于时间的看法可能是错的。或许会有另一种看待问题的方法，有另一种解决问题的途径。

我们需要花时间从这里回家，但从心理上讲——要是你们不喜欢心理这个词，就换成内心，若你们不喜欢内心这个词，就换成内在——我们把时间视作一种过程，幻想在这个过程中我们最终能成长为极度健全、理智、健康以及没有冲突的人类。可时间并没有展现这方面的能力，人类已经存在了四万多年，可即使再过个四万多年，我们也仍旧是现在这个德行，这是合乎逻辑的。

那么让我们看看时间的意义吧，时间关乎过去，关乎意识的全部内容，当然，如果你们不喜欢时间这个词，就换成反应吧，反应的全部内容是关乎过去的——这过去带着千百年来所有继承到、获取到的有关种族和生存环境的记忆。而过去和时间决定了现在。我们就是过去的我们，你们同意吗？我们是过去，是过去所有积累起来的记忆，我们就是记忆。记忆需要时间才能积累起来，而在未来，在明天，在成百上千个明天之中，我们也仍旧会是现在的样子，你们明白了吗？很明显，未来关乎现在。那么有可能——请理解这一点——不让过去的时间打扰到我们，树立起时间整体的观念吗？

你们明白这一点吗？假设我毫无察觉地生活在一团混乱之中，告诉自己最终会研究、考虑和深入探查这片混乱，这事儿当然发生在未来，我会发现造成混乱的原因，所有这些行为都要花费时间。请起码同意这一点，看清现实。然后我发现，这种接近时间的方法是错误的，就把它搁置一边，这意味着我正在打破——或看清了打破的现实——只接受旧有时间模式的大脑的条件限制。

由于已经把有关时间的旧有思维模式搁置一边，我现在正试图关注时间的本质。所有的时间都关乎现在，如果理解了这一点，我将开始完全改变自己，打破已经习惯了按旧模式理解时间的大脑的条件限制。正由于我看到了条件限制的错误之处，才会去打破它。理解了这一点，才会对自身进行根本性改变，这意味着在理解的同时我就行动了起来，这并没有花时间，也就是说我不假思索就立刻这么做了，你们明白了吗？哦，天哪！

倘若你们能深入研究的话，会发现这研究是非常有意思的。思考即是时间，因为思考是累积起来的对记忆做出的反应，而这记忆是在时间的流逝中积累起来的，是知识的产物。积累知识需要时间，而只是来自经验的累积，经验是有限的，知识也只能是有限的。我已经说过了思考就是时间，倘若我们运用时间，也就是思考，来改变现状，最终只是做无用功而已。但倘若我理解到——是理解而不是看到——理解到所有的时间都被局限到了当下这一事实，会发生些什么呢？你们明白这个前提吗？我嗜好暴力，并生活在混乱之中，可我现在理解了这种混乱，看清了现实、真理，认识到所有的时间都关乎当下。这种理解才是准确的、清晰的，而这种清晰的理解并非时间的产物。

那么我们得探讨一下什么是理解。能让我们看得更清楚的理解力到底是什么呢？——不仅仅是看清楚我们本身，更要看清楚这世上究竟正在发生些什么。正是分化的扩张导致了世上正在发生的事情——国家、宗教、部门、印度古鲁等，他们大多在政治上或宗教上探讨和平和团结，可实际上他们只是想说服我们加入他们的团体而已。

外在世界中存在太多无序和混乱，这混乱的最终表达形式就是战争和互相残杀。我们生活在混乱之中，这混乱是由时间造成的。几个世纪以来我们一直是这么生活的，因此老观念上的时间无法解决这种局面。那么什么是理解呢？倘若我们心怀偏见，还能清楚地理解某物吗？很明显不能。或许这只是个人观点？——我受伤了，别跟我说话。我的观点非常坚定，我已经把这点完全想透了，我坚持我的想法。以上这些因素，这些个人因素——它们都是非客观的，不清晰的——都会抑制我们的理解能力。就像是用彩色玻璃或者是摄影透镜一样，摄影透镜拍摄下画面并记录在胶片上，可倘若这卷胶片已经用完，就无法再拍出其他照片来。

我们只是在保持现状，这就意味着我们无法接收其他的东西。但倘若你反过来把保持的这些东西放在一边，就能完成新的理解过程。

这意味着你需要有一颗非常清晰、强壮和活跃的头脑，只有这样才能避免个人偏见和对某物的牵绊所带来的困扰。获得了这种无关时间的理解力之后，再遇到混乱时，你就能立刻将此看清，发现缘由和一切分裂，这样混乱得以立刻结束，也不会在第二天继续出现。发现危险，比如遭遇到一条毒蛇时，我们就不会再与蛇共舞，危险也就得以结束。但由于我们怀有偏见，思想狭隘，装满了我们自己的考量，所以总是看不清危险。

因此混乱只可能结束于当下，而非明天。你们现在就可以坐在这里，观察自己周边的混乱，看看自己能否清楚理解这些混乱及其一切衍生物。当你们能够全部理解时，这混乱就得以终结，可倘若你们心怀偏见和个人主义，就无法拥有这种能力。

我们也应该一起聊聊有关恐惧的问题，我确信你们会感兴趣的。我知道我所说的话你们会觉得听起来非常有智慧，我知道你们会这么说的。可恐惧与智慧无关，智慧和情感一样是我们的必需品，可当一方控制了另一方时，问题就出现了。

让我们谈谈恐惧，一起找寻造成恐惧的缘由以及恐惧的本质，看看是否可以完全终结恐惧。还是说我们必须带着恐惧度过余生？如果你够清醒，就会意识到我们拥有许多恐惧。害怕黑暗、害怕生存、害怕公众的意见、害怕邻居的闲言闲语、害怕自己的妻子或丈夫或其他什么人。害怕不安全，在有经济实力的时候又害怕失去这种实力。我们为什么还没解决这些恐惧？我们已经通过继续战斗来解决战争的问题，因此总把大脑用在了为战争做准备上。公众都为战争做好了准备，定好了计划，备好了潜水艇和飞机等。

人们开动脑筋，准备好了上述条件应对战争，可为什么同样的大脑不能用于解决从人类存在之初就产生的恐惧感呢？也就是说，为什么你们和言者不能认真地探讨这个问题，就像你们饥饿或者是野心勃勃的时候那样认真行动起来呢？当我们渴望更多金钱，就会立即行动起来向这个目标奋斗。心理学家、临床医学家已经以各种不同的方式解释了恐惧的成因，我们得把他们的话放在一边，因为话都是他们说的，只不过是一些口头语罢了。这些专家可能像你一样满怀惊恐——他们可能就是这样！我见过他们中的一些人，我知道他们和你们一样，会对某些事情感到恐惧。有可能终止恐惧吗？运用我们全部的感觉、情感和大脑来研究这个问题，别逃避，别试图为恐惧的存在找理由，而是看清我们为什么不能终止恐惧，或为什么我们允许自己无法解决这个问题。

什么是恐惧？当恐惧存在的时候，我们是能感应到其本质的。我们会颤抖，器官会畏缩，大脑会混乱，全身都麻痹无力。难道你们没有过这种感觉吗？这就是事实。恐惧影响了我们的睡眠，我们的日常生活，会带来怀疑、焦虑、压抑，然后我们会执着于某种事物，希望它不会改变，更不会带来恐惧。要么我们解决恐惧的根源，要么就修剪它的枝干。你们想怎么做呢？世上有成百上千种恐惧，恐惧像一棵树一样，虽然树是世上最美丽的生物之一，恐惧，虽然丑陋，也同样拥有诸多枝干，诸多叶子，以及诸多表现方式。你们想处理这些表现方式，处理问题的表面和外在吗？还是我们一同深入恐惧的根源寻找解决之道？让我们试着找到产生恐惧的原因是什么吧，我们了解所有恐惧的表现方式，如果能找到并铲除它的根源，这些表象也会随之枯萎。

那么，究竟什么是产生恐惧的原因呢？如果被问到了这个问题，你们该怎么回答呢？或者你们期望其他什么人来为你们解答？别人的解释不是事实，我们可以画一幅雄伟壮丽的山的画，但这图画永远不是山本身。恐惧这个词并非恐惧本身，却有可能从这个字眼中唤出恐惧。我们要对付的不是别人的描述，不是单纯的词汇，而是恐惧的深度和强度。我们试着一同寻找——而不是我说你们接受——为我们自己找到事实的真相，这真相才真真正正属于你而非其他什么人。我们无法带着别人的真理而活，要把真理转化为我们自己的东西。

造成恐惧的成因是什么呢？是思维吗？是时间吗？让我们一起看看这个问题。我或其他人正活在当下，然后思维说："我明天可能会死去"或者"我可能会丢了工作"，"我把钱存入了银行，可这银行有可能会倒闭"，"我和妻子相处得很好，但她有可能明天就投入了别人的怀抱"，"我出了一本书，希望这书能卖得好"，这些想法都意味着恐惧。"我希望出名"——这是世上最天真的想法——"我希望出名，但某些人已经比我更有名了"。在这种想法中，我会迷失自己，我也可能获利，或者变得孤单。因此思考是导致恐惧的因素之一。我和我的朋友、妻子、孩子相处得不错，但我同样也经历过极度的孤寂，你们难道没有经历过吗？那是一种深刻的、令人惶恐的孤独感，我因此而受惊了。你们曾经研究过到底什么是孤独感吗？这种孤独感是怎么发生的？你们难道没有过这种孤独的感觉吗？我说了一些不合情理的话吗？要是你们这么觉得，那你们就都是圣人了！

接着，这种孤独感会导致依赖感的产生，哪怕这东西是虚幻的，是错误的，甚至是毫无意义的，我们也会紧紧依附在它上面。我紧紧抓住我的妻子、我参加的社团、我信仰的上帝，或者是抓住礼仪、朋友，因为一旦我放开了它们，就会陷入彻底的孤独之中。你们曾经研究过这个问题吗：为什么人类会如此惧怕孤独？我们可以集体生活，可以追随某些印度古鲁的教义或者是其他那些胡说八道，可一旦剥去我们华丽的外衣和装饰，以本身的面目示人，我们就会发现，自己是孤独的。这是为什么？到底什么是孤独？不同任何事情——包括自然、他人、与我们同住的朋友、女性或者男性发生联系，以上这些行为从某种意义上来讲都只不过是一种退缩罢了，然后我就只剩下空虚和孤独了——为什么？彻底的绝望是一种什么感觉？我稍后会解释给你们听的，但我的解释不是事实，使用的词汇也不是，这一点需要你们明确。你们的名字，比如史密斯先生，这个词并不是你们本身。

因此解释并非现实，并非真理。那么让我们忽略“孤独”这个字眼，看看到底什么是孤独。你们能做到吗？做到不用“孤独”或者“绝望”这些词来观察这种感受。当我们把整天都花在自我关注上时，孤独感就会产生。这种以自我为中心的行为创造了孤独，因为这行为局限了我们的生活，把生命广阔无垠的存在局限在了一个小小的“我”之中。当我们意识到这种孤独感的存在时，“上帝啊，我是如此的孤独”，我们得面对它，完全感受这种孤独，而不是从它那里逃开，这样才能产生彻底转变。

因此我们必须回到恐惧这个问题上来。我们说思想是恐惧的成因之一，这一点是很明显的。当我老了或者是正值壮年，看到了一口带着鲜花、马匹和车队的棺材，我会考虑死亡的问题。在我看来，思想是恐惧的成因之一，这事实已经相当明显了。而时间也同样是造成恐惧的因素之一。我害怕可能会发生的事情，害怕别人会对我所干过的事情进行敲诈。这样看来，时间和思想确实是恐惧之源，而时间和思想之间并无区别，思想就是时间，时间就是思想。

思想是必要的，时间也是我们所必需的。从这里走到那里要花费时间，驾驶汽车或者火车的时候需要费脑筋。因此从这一层面上来讲，时间和思想都是必需的。那么思想和时间在心理上也是必需的吗？只要我们认为时间和思想对心理世界、自我世界、灵魂世界、肌肤下的世界是必需的，我们就将处在永恒的恐惧之中。

若你们能理解这一点——不是接受，而是理解——即思想和时间是恐惧之源，那么就能明白即使在心理方面需要它们，对我们的内心来说，它们也是不必要的。因此，大脑每分钟都能积极地审视自己，避免二者进入不需要它们的领域里。这需要极大的注意力和意识，因为只有这样，积累了几世纪或者仅仅一天的知识的大脑，才能看透哪里需要时间和思想，哪里不需要它们。它会像鹰一样目光犀利，防止思想和时间牵涉进生活的全过程中。这才是真正的纪律，这才是真正的学习。信徒才是这个词本来的意义，指的是那些永远在学习以及永远不说“我已经学过了”而驻足不前的人。

在观察中发现自由的欠缺

严重困扰我们的问题之一是何为自由，因为缺乏众多专家的宣传，对这个问题需要投注极大的以及持续不断的理解；外在世界和内心世界存在诸多各种各样的压迫、混乱、不同的见解、影响以及印象。我确信我们必须扪心自问：何为自由？正如我们所知，独裁主义遍布世界各地——不仅在政治、社会或者经济方面，还包括那所谓的精神领域。

到处都有环境方面的强制性影响。报纸告诉我们该如何思考，于是我们在报纸的指导下制定了诸多所谓的五年、十年或者十五年计划。然后又出现了在经济、科学以及官僚制度方面的专家：日常活动中要遵守的传统习俗到处都是，他们告诉我们该做什么不该做什么；接着又出现了那些所谓绝版书的压倒式影响；最后又是电影、广播和报纸：世间万物都在试着告诉我们该做些什么、该想些什么和不该想什么。我不知道你们是否注意到独立思考已变得越来越困难这一事实。我们成了那些引用别人说过的话的专家。可在这独裁主义的一片混乱中，自由在哪里？自由是什么意思呢？是一个物质实体吗？这里的自由代表着其最浅显的意思，即解放和无拘无束、自由的头脑。如果可以的话，我想深入探讨一下这个问题。

首先，我认为我们必须认识到我们的思维是不自由的。看到万事万物，拥有的每一个思想都会塑造我们的思维，无论你此刻在想些什么，过去在想些什么，未来要想些什么，这些想法都会塑造我们的思维。你们所想到的是宗教人士、政客、学校老师抑或是书本和报纸告诉你的东西。所有有关你们的一切都会影响思想。吃了什么，看了什么，听了什么，你们的妻子、丈夫、孩子以及邻居，这些都正在塑造你们的思维。我想这一点已经相当明显了。哪怕是当你考虑上帝是否存在这种问题时，传统的影响仍在。我们的头脑就如同一片战场，众多互相冲突的影响在相互对抗。

请在我说话的时候认真倾听，除非到了我们自己可以直接经历这些时，这种形式的谈话才会变得毫无价值。除非你们能够经历我正说的这些事情，不是仅仅追随别人的描述，而是在觉察到、认知到、了解到你自己的思维模式后经历我所说的这些，只有这时我的谈话才会丧失意义。毕竟我只是在描述生活中、在我们的周围正在发生的事情，因此我们才能有所觉察并考虑是否能有所突破，以及做出突破后能获得些什么。很明显大家现在都不过是奴隶而已，印度奴隶，天主教奴隶、俄国奴隶或者是这样或那样的奴隶。我们都是某种既定的思维模式的奴隶，却用这些既定的思维思索我们能否获得自由、对自由和权威做出剖析！

我认为我们中的大多数人都能认识到思维受限的这一显著事实。不论我们想了些什么——不论这思想是高贵还是宽广，也不论这思想是有限还是小家子气——都是受到条件限制的，倘若深化这种思想，思想的自由就将不复存在。思想本身是受条件限制的，因为思想是对记忆的反应，记忆则是所有经验的残余，而正是经验最终成为了条件限制的产物。因此倘若能意识到所有的思想，无论其水平如何，都是受条件限制的，然后我们就能发现，思考并非冲破这种局限的途径——当然这并不意味着我们必须进入某种空洞或沉思性的沉默。

事实是，任何思想、任何感情、任何行动都是经过证实，经过影响，经过条件限制的。比如，一位圣人通过花言巧语、身体姿态、面部表情以及引用别人的话来影响你。我们也想要被别人影响，我们惧怕离开任何形式的影响，不想思考我们是否可以深入发掘有无不受影响的存在状态。

为什么会受到影响？正如我们所知，每个政客、每本书、每个老师、每个印度古鲁——他们越是强大，言辞越是雄辩，我们就越喜欢——把他们的思想、生活方式以及行为方式强加给我们。因此生活就是一场思想的战争，一场影响力的战争，而思想就是最佳战场。政客想影响我们，印度古鲁想影响我们，而圣人会告诉我们该做什么不该做什么，他们也想影响我们，每种传统，每种形式的习惯或风俗，也都会影响、塑造、指引以及控制我们的思维。我认为这一点已经相当明确了，否认这点是非常愚蠢的，因为事实就摆在这儿。

这里我想稍稍离题一下，欣赏一些美丽的事物。美丽的天空、山巅的太阳、美丽的微笑、表情、姿势，水面上倒映出的皎洁月光、稀稀淡淡的云朵、鸟类的鸣唱，观看它们，感受它们，与它们同在，是非常必要的。要想发现真理，首先要做的事情是欣赏美丽的东西。大多数人都意识不到环绕着我们的这非凡的宇宙世界：我们甚至从未看过树叶迎风摇摆，没看过一片草叶，也没用手触摸过它、了解它的特性。我说这些并不是为了营造诗意的气氛，因此别进入一种幻想激动的状态。我是说对生活必须有这种深切的感受，不要只想着学习成绩、课上讨论、通过考试，不要因为某句话已经被人们说过就弃之不用。发展抽象思维能力不是解决办法，它不会解决我们的问题，不会给予我们取之不尽的营养。抽象思维能力可以推论、探讨、分析并得出结论，但会受到限制，因为它是从我们设定的条件得到的结果。但人的感觉并不是这样。感觉不受条件限制，可以将你从恐惧和焦虑的境地中解救出来。对万物都不敏感的思维——对山、电线杆、路灯、声音、微笑以及万物——是无法发现真理的。

但我们总是日复一日年复一年地通过争辩、探讨、斗争和努力着获得某物等等来训练我们的智力。但我们身处的这个大千世界，我们的地球实在是太过精彩——这地球不是孟买人的，不是旁遮普[①]人的，不是俄国人的，更不是美国人的——地球属于每一个人，属于我和你。这不是神经质的胡说八道，而是事实。但不幸的是我们的小家子气和地方风格切分了这个地球，我们也知道为什么会这么做——为了安全，为了更多更好的工作。这就是全世界都在玩的政治游戏，为了幸福地生活在我们的地球上，为了获得些什么，我们忘记了自己身为人类的本质。正是因为我们丧失了对美的感受，这美并不情绪化，也不腐化，同情欲无关，只是一种关怀感。正是因为我们已经失去了这种感受——或者我们从未拥有过——我们才在言语间互相斗争，没法对任何事做出及时的理解。

看看你们在印度做了些什么，你们把土地分割成了一块一块的，互相争斗和屠杀，同样的事情也遍布全球，可你们这么做的目的是什么呢？为了获得更好更多的工作，更多的权力？在这场战役中我们丧失了思维的美好品质，这品质可以自由、快乐、不带任何妒忌的观察事物。我们

① 印度西北部一地名。——中文版编者注

不知道该如何看待那些幸福的人们，那些开着豪车的人们，更不知道该如何与他们一同快乐，也不知道该如何去同情那些穷人。我们嫉妒开豪车的人，却又远离那些一无所有的人。

因此，倘若没有爱的品质，就不会有爱（爱是美丽的本质），即使你做你想做的事情——在世界范围内展开朝圣的足迹、在每一个庙宇参拜、培养你能想到的每一种美德——你最终都将碌碌无为。请相信我，即使盘着腿坐在那里冥想，在接下来的一万年间都屏住呼吸，你们也不会拥有那种对美和爱的感受。你们开怀大笑，却看不出这里的悲惨之处。我们的思维并不在那种敏感的状态下，在那种状态下，思维能接收并立刻看出那些真理。一个敏感的思维是不设防的、柔弱的，只有保持这种柔弱的状态，真相才会进入你们的头脑——这个真相是你们没有同情心且心怀嫉妒。

我们需要这种美感，因为对美的感受即为对爱的感受。正如我所说，这里有点离题了，但我认为我这里所探讨的和接下来我们要研究着有着至关重要的联系。一个被影响、被塑造、受到权威限制的思维永远不会获得自由；无论想到了什么，无论想法多么崇高，或是深邃而细致入微，这思维永远会受到条件限制。我认为，通过时间、经验以及无数个昨天，我们需要理解思维是被塑造和受到条件限制的，而思考并不是解决问题的方法。当然这不意味着我们什么都不用想了：事实是正相反的。唯有当我们拥有深邃、宽广以及敏锐的理解力时，才能完全体会到思考的小家子气，才能打破那片条件限制的坚壁。我们能对所有的思想都是受到条件限制这一事实视而不见吗？无论是对共产党员、资本家、印度人、佛教徒还是正在说话的那些人来说，思想都是受到条件限制的。很明显思维是时间的产物，是千百个昨日积累起来的对生活的反应，是一秒前、更是十年前的东西，是我们从过去和现在学到和经历过的一切影响的产物。很明显，这样的思维是无法享受自由的，而这自由却是我们一直在苦苦追寻的，对吧？哪怕是在俄国，在所有掌控一切的集权主义国家中，人们仍然在追寻自由。这对自由的追寻起于我们尚且年轻之时，因为随着年龄的增加，我们就变得渴望改变，变得不满足，我们渴望了解，我们充满好奇，我们永远在斗争，不久之后这种不满足感被分成了诸多不同的方面，再然后我们就慢慢地走向了死亡。

因此在我们心中，永远存在着对自由的渴望，可我们永远不理解何为自由，从未深入研究这本能需求的内在含义。年轻的时候我们永不满足，不满足事物本来的样子，我们带着那愚蠢的传统价值观逐渐长大，在长大的过程中陷入了这社会已然建立的旧有模式之中，迷失了自己。很难保持纯粹不满足的状态，因为不满足总会告诉我们这里或那里不足，需要一些别的什么东西来补充。我们都了解这种俗称差异感的感受，我们只是迅速把这种差异感解释为上帝和涅槃，然后找了本宗教方面的书，最终迷失了自己。但这种差异感以及对差异感的寻求和探索——我认为，恰恰代表了我们开始真正渴望挣脱所有政治、宗教以及传统的束缚，打破坚壁，以求重获自由的心理。让我们接着研究下去。

这世上的确存在着诸多类型的自由。有政治自由，有知识赋予我们的自由，即知道如何行事，掌握专门诀窍。有健康赋予我们能够环游世界的自由，也有比如写作、表达、清楚思考的个人能力的自由。然后我们又获得了诸如从压迫、妒忌、传统、野心等等那里解脱出来的自由。我们又希望最终能增加这些自由——希望在严格自律、培养个人品德以及付出努力的最后能够获得最终的自由。因此，由个人能力所赋予的，由某些特定事物所赋予的以及在过完正直的一生之后所获得的自由——这些都是我们已知的自由的种类。可这些自由不就是一些反应而已吗？当我们说“我希望不再发怒”时，其实是我们对愤怒做出了反应，并没有远离愤怒。你们认为的通过努力和自律，过完了正直的一生之后所获的那种自由，仍然不过是对已发生的事情的反应而已。

请认真听我说，因为我接下来要谈到的这些是你们所不熟悉的，相当难以理解。这世上存在不从某物上挣脱出来的自由，毫无缘由的自由，这是一种永远无拘无束的状态。我们所了解的自由总是从意愿中生成的，对吧？我将享受自由：我要掌握一门技能，我要学习，成为一个专家。这种意愿能给予我们自由，因此我们把个人的意愿作为获得自由的手段。我不想受穷，因此我提升个人的能力，个人的意愿，使出了十八般武艺致富。或者，我所做的一切都付诸东流，但我的努力并没有白费。因此我们认为可以通过个人意愿和不断付出努力来获得自由，但意愿并不能带来自由，而且事实正相反，接下来我会告诉你为什么。

何为意愿？我会成为什么，我不能变成什么，我要通过努力成为什么，我要学习——这些都是个人意愿的运动，这种意愿是如何生成的呢？很明显是通过欲望。我们诸多的欲望，伴随着挫折、强迫、实行，正如千丝万缕一般扭成了一股绳。这就是意愿，对不对？我们众多互相冲突的欲望交织在一起变成了一条强有力的绳索，我们试着用这条绳索向成功和自由攀爬。那么欲望能给予我们自由吗？还是说正是对自由的渴望扼杀了自由？请看看你们自己，看看你们自己的欲望、野心和意愿。就算是没有任何意愿，总是被人驱使，也算是一种意愿——一种不想抵抗，随波逐流的意愿。凭借着欲望和绳索的力量，我们渴望攀爬至天堂朝拜上帝，获得上帝的赐福。

所以我现在要问问你们，你们的意愿能够为你们带来解放吗？通过意愿能获得自由吗？还是说自由是某种完全不同的东西，与反应无关，无法通过反应获得，也无法通过个人能力、思想、经验、自律或者是永远的顺从来获得呢？这就是这本书要讨论的。遵从所有的既定模式，我们最终会得到解脱；低眉顺眼，听从别人，最终就能获得自由。对我来说，这些说法真是狗屁不通，因为自由源自生命之始，而非终点，接下来我会让你们看到事实。看到真实的事物是有可能的，对吧？我们可以看见蓝天——成千上万的人都能看见——但你是为了自己才看的。倘若你够敏感的话，就能为自己看到树叶的摆动。自从生命之始我们就拥有理解真实的能力，这能力是天生的，而非通过任何形式的强迫、习惯或遵从获得。现在我将给你们展示另一条真理。

领导者、追随者，以及高尚的人不懂什么是爱。我这话是说给你们听的，说给你们这些领导人、追随者以及努力变得高尚的人听的，你们不懂什么是爱。现在先别和我争辩，别说“证明看看啊”。我会将理由展示给你们。但请先听听我要说的话，心里别充满防备，别争强好胜，更先别忙着否认。像领导、追随者或者是渴望变得高尚的这类人，他们不知道何为爱。如果你们能听进去我说的话，别争强好胜，也别盲目听从，就能发现事实的真相。若你们仍没有发现我所说的话的正确性，那是因为你们不想发现，或者是因为你们对自己的领导能力，追随者或者是那些所谓的美德是如此满意，以至于拒绝了其他的一切。但倘若你们够敏感，想要探究，像从窗户中往外看那般开诚布公，可能就能看到事实的真相，这是毋庸置疑的。

我会给你们讲讲我的理由，因为你们都是通情达理的聪明人，是会被别人说服的。但你们永远不会通过智慧或者是理智来了解真相。你们会被别人的理由说服，但被说服并不意味着理解了何为真实，这二者之间有着很大的不同。被某事说服的人是无法看清真实的，而这个人也可以一再以不同的形式重复这种怀疑到被说服的过程。但能认清真实的人是不会被说服的，他看见的只是真实而已。

那些说着我知道该怎么走，我了解人生，我已经经历了最终的真实的领导人——我有真本领！——很明显只关注自己，关注自己的见地，想把这些想法传播给那些可怜的听众。领导者总想带领人民实现某些他认为正确的目标，因此，无论是政治、社会还是宗教方面的领导者，或者哪怕只是你的妻子或丈夫，都是没有爱的人。或许他会谈论爱，或许会给你指明爱之路，也可能会做所有那些出于爱而做的事情，但他没有对爱的真情实感，因为他只是一名领导者。倘若有爱，就不会是一名领导者，因为爱是不会行使权威的，这一点同样适用于那些追随者们。一旦你选择追随某人，你就接受了这种权威——这权威会给予你安全感，天堂或人间安全的一隅。当你开始追随，为自己、为家庭、为种族、为国家寻求安全感时，这种行为表示你渴望得到安全，而那些追求安全感的人是不懂爱之品质的。那些品德高尚的人也是这样。那些培养自己谦逊之品德的人肯定不是高尚的，因为谦逊并不是培养出来的。

我正试图展示给你们这一事实，即敏感、探究，和认真聆听的思维才可以立刻理解事物的真实。但真实是不能被应用的。真实只会按照自己的准则而非有意识的行为运作。

因此不满是自由之始，只要你们开始试图控制不满，为了驱赶这种不满而接受权威，进入了安全区域之后，就将开始丧失那种原始的真情实感。我们中的大多数人是心怀不满的，或者不满自己的工作，或者不满自己同别人的关系，或者是自己正在做的事情。我们渴望发生一些什么来创造一些改变，来前进一步，做出突破。我们不知道要做什么来实现这一目标，因此展开了长期的搜索，探究，特别是在我们还年轻、坦诚，以及敏感之时。然后，当我们开始慢慢变老，就定下了自己的习惯、工作，因为只有这样我们的家庭才能享有安逸，妻子才不会跑掉。因此曾经光芒万丈的火焰熄灭了，我们变得值得尊敬，小气巴拉以及苟且将就。

正如我所说过的那样，从某事中衍生出来的自由并非真正的自由。你们试着摆脱愤怒获得自由；可我并没有说不愤怒的时候你们肯定也是不自由的，我说的是这种自由不是真正的自由。我可以不再贪婪、小家子气、嫉妒，摆脱其他恶习，但这样也不会带来真正的自由。自由是思维的品质，这种品质并非来自认真以及值得尊敬的研究和调查，也不来自认真的分析或集思广益。这就是为什么看清我们一直渴望的源自某物的自由——比如摆脱悲伤之后获得的自由——的本质是如此重要的原因了。我把这一点说清楚了吗?

我会因各种各样的原因而感到悲伤，然后我说我必须获得自由。这种渴望从悲伤中逃开的想法产生于痛苦之中。因为我的丈夫或孩子或其他的什么而遭受痛苦，我不喜欢自己生活的这个州，想离开这里，这种最自由的渴望其实只是一种反应，只是我对自己所处状态的反面的一种渴望，而非自由。有钱人可以环游世界，可他并不一定是自由的；有的人聪明，工作效率又高，可他只是渴望获得自由，这也不是真正的自由，而仅仅是一种反应。我可以真正认识自由和解放吗？自由和解放是无法通过我们做出的反应而被我们所了解、找到或者是获得的。因此，我必须理解什么是反应；也必须了解自由是不会通过意愿的作用而出现的。意愿和自由是互相冲突的，正如思想和自由也是互相冲突的一样。由于思想是受条件限制的，因此无法从中生出自由。或许在经济上你们可以重新整理这个世界，使人们活得更加舒适，享有更多的食物、衣服和住处，你们可能觉得这就是自由。这些都是生活必需品，却不属于自由，自由是一种状态，是思维的一种品质。这品质正是我们所追求的，没有这种品质，无论你遵照意愿做了什么，哪怕你在世界各地传播和培养美德，你也不会享有这种自由。

那么差异感，这种思维的品质是如何产生的？我们无法培养差异感，因为当我们转动大脑时，会开始思考，而这思考是悠闲的，因此我们无法培养这种品质。无论是佛祖的思想还是其他什么人的，所有的思想都是有限的。因此我们的探索肯定是消极的，我们必须迂回地接近自由，而非直截了当。我有没有给你们做了些暗示呢？自由不会来自野心，不会在拒绝和自律中孕育，也不会从自我审视和自我折磨中获得，更不会在练习中产生。正如美德那样，自由到来的时候我们是不会觉察到的。被培养出来的美德不是真正的美德，真正的美德不是我们有意做出来的。人们会培养自己谦逊的品格，会因为自负、虚荣和无知的困扰而训练自己成为一个谦虚的人，这样的人不懂得什么是真正的谦逊。谦逊是一种状态，处在这种状态中的思维意识不到自身的特性，正如芳香的花朵闻不到自己的香气那样。这种自由无法通过任何形式的纪律获得，而没有任何章法的思维也无法理解它。我们想通过运用纪律收获成果，可自由并不是一种结果，如果它是的话，就不再是无拘无束的了，因为它必须要被什么东西生产出来。

当思维中充斥着大量影响、强迫、多种形式的相互冲突的欲望以及时间的产物时，又怎样能获得自由呢？我们都知道我所说的上述事物都不是自由，它们不过是思维在各种压力、强迫以及影响的作用下产生的。因此如果我能消极地接近自由，能意识到上述这些都不是真正的自由时，我们的思维才真正是经受了训练——当然不是为了获得某种结果。让我们简略地谈谈这个问题。思维说道，为了得到个结果，我必须自律。这在生活中是相当普遍的，可这样的自律是带不来自由的。因为你有动机，有产生结果的诱因，因此你才能收获成果，但这成果永远不会是自由，只是一种反应而已。这一点也相当明显。现在，倘若我开始理解纪律是如何发挥作用的，那么在理解、探索、深入问题的过程中，我的思维确实是受到纪律的控制。我不知道你们是否能快速理解我的意思。意愿的行为会产生一种叫作纪律的结果，反之，对意愿、纪律以及我们称之为结果的重要性的理解需要极度清晰和自律的思维——这种清晰和自律不是通过意愿而是通过消极的理解获得的。

因此，我非常消极地理解了自由不是什么，并对自己所理解的东西进行了检查，为了理解何为自由，我深入内心和思维，身心放空，然后发现我们之前所描述的东西里面没有任何一个是自由，因为它们都是基于欲望、强迫、意愿而生、基于我们在生命的最终才能获得的东西而生，只不过是一些反应而已。我真切地看出它们并非自由，因此正因为我理解了这些，我的思维才足够开放去发现或接收那些真正自由的事物。

这时我的思维就会拥有一种品质，这品质不是由一个自律的思维所找到的结果，也不是那种漫无目的随意漫游的思绪，这品质能消极地理解“这是什么”以及“这应该是什么”，能解读和体会到自由不是从某物中生成的，自由不是一个成果。

要理解这一点需要大量的研究。仅仅重复说有一种并非来自某个特定事物的自由，是没有任何意义的，因此千万别这么干！当我们说“我想要那种真正的自由”时，我们也是误入了歧途，因为自由是不能通过努力获得的。宇宙无法进入狭小的思维中，无限无法进入懂得权衡测量的头脑中。因此我们需要研究如何打破这种权衡测量——这并不意味着我要进行修行，变得神经质或者是虔诚，这些都是胡说八道。

我要说的是，真正重要的是教学而非教师。此时此刻谁在这里讲话并不重要——把他扔出去吧！重要的是说了什么。思维只懂得能够测量出来的东西，有自己的罗盘，边境、野心、希望、绝望、痛苦、悲伤以及快乐。这样的思维是不会吸引自由的。它只能做到觉察自身以及不去谴责其所看到的实物，不去谴责丑恶或是攀附美丽，而是看看眼前的究竟是什么，只去关注事物的本身。然后你就会发现思维会不自觉地接近自由，你甚至察觉不到这一点。思维自身的转变才是真正的革命，而其他任何形式的革命，即使它们使用了自由这个字眼，为人们承诺乌托邦、天堂等，也不过是反应而已，唯有在思维中才存在真正的革命。

思维的突变

提问者：我们能谈一下大脑和思维吗？从物质上来说，思考发生在脑细胞中。也就是说，思考是个物质过程。如果思考停止，出现没有思想的感知，那么物质的大脑会出现什么情况呢？您好像说，思维在大脑之外也能够进行，但是如果纯感知不是发生在大脑中的某个地方，那它又会发生在什么地方呢？如果纯感知同大脑无关，那又怎么会在脑细胞中出现突变呢？

克：你们听懂这个问题了吗？首先，这个提问者说他想区分大脑和思维，然后他问感知是否只发生在大脑之外，即思想是否不是感知的运动。这个人接下来又问，如果感知发生在大脑之外，而感知又是思考和记忆的过程，那么受到过去条件限制的脑细胞本身会出现什么情况？如果感知发生在大脑以外，那脑细胞还会出现突变吗？搞清楚这个问题了吗？

那么我们就从大脑和思维开始。大脑是一种物质的机能。它由肌肉组成，对吗？就像心脏一样。所有的记忆都储存在脑细胞中。拜托，我不是一个脑学专家，我也没有研究过专家，但是我已经活了很长时间了，了解了很多，不仅仅是其他人的反应——他们说了些什么、想了些什么、他们想要告诉我些什么——还观察了大脑是如何做出反应的。大脑经过数百万年，从单细胞进化成为猿脑，又经过数百万年进化成能够直立的人的脑子，并最终成为人脑。人的大脑被包裹在颅骨之内，但是人脑能够延伸至颅骨之外。你可以坐在这儿，想象你的国家，或你的家——通过思想，而你的身体其实一直在那没动。

大脑能力非凡，从科技上讲，我们的大脑已经做出许多最为特别的事情。但由于语言方面的限制，大脑也同样受其所限。不是语言本身有限，而是语言的条件限制性。它受到了其所居住的气候、所吃的食物、所生存的环境和社会等条件的限制，社会又是由大脑创造的。所以社会活动同大脑的活动没有什么差别。它受到了数百万年积累起来的经验基础上的知识，也就是传统的限制。我是英国人，你是德国人，他是印度人，他是黑人，他是这个，他是那个，存在着所有这些宗族性的民族分类和宗教限制。所以大脑是受到条件限制的，由于受到条件限制，它是狭窄的。大脑具有非凡的能力，在科技领域，包括电脑等方面它是无限的，但是在心理方面它是非常有限的。

虽然从希腊人、古印度人开始，人们就说“认识你自己”，但是他们从来没有研究过自己的心理。心理学家、哲学家、专家们研究的是别人的心理，从来没有研究过自己的心理。他们研究老鼠、兔子、企鹅、猴子等，但是从来没有说过：“我准备研究一下我自己。我野心勃勃、我贪婪、我嫉妒、我同我的邻居和其他科学家们竞争。”这种心理存在了几千年，虽然从外在而言我们具有非凡的科技能力，但是在内在，我们非常原始。

所以在精神的世界里，大脑是有限的、原始的。那么我们能打破这种限制吗？能够彻底消灭那种由本我、自我、“我”、以自我为中心带来的条件限制吗？那也就意味着大脑会变成无限的——你们懂我在说什么吗？如此一来恐惧就将不复存在。现在，我们大部分人生活在恐惧之中，非常焦虑，担心即将发生的事情，害怕死亡，害怕很多事情。这些担心和恐惧能够被完全消灭吗？如果能的话，大脑就是自由的，大脑同思维的关系就截然不同了。那也就是，一个人不再有自我的阴影。不让“我”进入任何一个领域是非常困难的。自我以各种方式隐藏在各个角落。它可以隐藏在慈悲中，前往印度关怀那些贫穷的人们，因为自我在那个时候就附在了一些观念、信仰、结论、信念之上。它有很多面具，冥想的面具、实现最高目标的面具、得到觉悟、知道自己在说什么的面具。所以，要想看见它藏在什么地方，一个人必须具有非凡、敏锐、反应迅速的大脑。这要求巨大的关注，观察、观察、再观察。你们做不到所有这些。可能你们都太懒了，或者太老了，说“看在上帝的份上，这些都不值得，让我歇会吧”。但是如果一个人真的想深入研究这个问题，他就必须像老鹰那样关注着思想的每一次活动、反应的每一次活动，这样大脑才能够不受条件限制。言者是在为自己说话，不是为别人。他可能是在欺骗自己，他可能试图伪装成什么东西。很有可能是这样的，只是你不知道罢了。所有一定要有大量的怀疑、疑问、问题，切莫随便听信他人。

所以如果大脑没有了局限，就不会再退化。当你逐渐变老——当然不只是你——当人们逐渐变老，他们的大脑就开始枯萎，失去自己的记忆，行为怪异，这是众所周知的。退化不仅仅发生在美国，退化是从大脑开始的。当大脑完全摆脱了自我，不再受到条件限制时，我们就能问：思维是什么？古印度人研究过思维，他们就思维发表过各种理论。但是我们要把这些统统抛在一边，别去依靠别人，无论他们多么古老，多么传统。什么是思维？我们的大脑时常处在冲突中，因此会出现错乱。这样一个大脑无法理解什么是思维。思维——不是我头脑中的思绪，而是思维，那个创造了宇宙，创造了细胞，那个由纯粹能量和智慧组成的思维——只有在大脑处于自由状态时才会和它发生联系。但是如果大脑受到条件限制，这种联系就无法存在。你们不用相信这些！智慧是思维的本质，它不是思想的智慧，不是混乱的智慧。它是纯粹的秩序、纯粹的智慧，因此，它是纯粹的慈悲。大脑自由之时，那种思维就会与之产生联系。

我还可以讲的更深入一些，但是我不想这么做了。你们累了吗，你们在听吗？你们在倾听自己，还是仅仅在听我说？还是两者都在做？你们在观察自己的反应吗，你们的大脑是如何工作的？活动，反应，循环往复，这就意味着你们没有在听。只有在停止活动和反应时你们才在听，那时才是完全纯粹地在听。看，大海不断地在运动。潮起，潮落。这就是大海的活动。人类也是如此——有活动和反应，反应又产生另外的反应，我的反应促成了别人的反应，循环往复。如果存在反复的运动，自然就不会有安静。只有在那种安静中你才能倾听正确或错误，而不是在头脑的反反复复中。至少从理智、从逻辑上而言，如果不停地运动，你就无法倾听，你怎么能够倾听呢？只有在绝对安静的情况下你才能听。你们明白其中的逻辑了吧。有可能停止这种循环往复的运动吗？

言者说这是可能的，只要你研究了自己，只要你深入自我，了解自我，那么你就能真的使这种运动停止。

提问者：由于思维是外在的，不包含在大脑中，那么只有在思想没有活动的时候才会出现的感知，是如何给作为物质运动的脑细胞带来突变的？

克：让我们尽量说得简单些。虽然这正是难点之一。我们从来没有非常简单得看待一件复杂的事情。这是个非常复杂的问题，但是为了深入理解，我们必须从简单的开始。那我们就简单地开始吧。传统上，你终其一生都在朝着一个特定的方向追求一种特定的道路，无论是宗教的、经济的、社会的、道德的，还是别的什么。假设我在这么做，你过来对我说："喂，你走的是条死路，你会在这条路上遇到更多问题，你们会自相残杀，会碰到巨大的经济困难。"虽然你列举的理由和例子都是合乎逻辑的，但是我说："不，对不起，这就是我做事的方式。"我继续在这条路上走下去；大多数人，百分之九十九的人都会继续在这条路上走下去，包括上师、哲学家、新"悟道"的人。你过来说："瞧，那是一条危险的道路，不要走下去了。转过头朝一个完全不同的方向走吧。"你说服了我，你向我展示了这样做的逻辑、原因以及这样做会有多明智，于是我转过头，朝一个截然不同的方向走了下去。

究竟发生了什么？我一辈子都在朝一个方向走，你过来说："不要去那儿了，那很危险，前面是条死路。朝另外一个方向走吧，事情会完全不同的。"我理智地接受了你的逻辑、你的说法，朝着另外一个方向走去。大脑发生了什么？简单点说，朝着那个方向走，突然转向另外一个方向，脑细胞本身发生了变化。你们理解吗？我打破了传统。就是这么简单。但是传统又如此强大，它根植于我目前的生活中，你要求我做我抵触的事情，我是不会服从的，或者我听从，只是为了搞清楚你说的是对是错。我想知道事情的真相，不是我想要什么或什么会让我觉得高兴，而是知道真相。因此，我全神贯注地听，了解到你是对的。我按你说的做了。在那个行动中，脑细胞发生了变化。就是这么简单。

假设我是一个虔诚的基督徒，或者印度教徒，你过来告诉我："瞧，别傻了，那些都是胡说。它只是传统，是些没有多大意义的词语，虽然这些词语已经积累起了意义。"你指出了这一点，而我知道你说的是对的，所以我按你说的做了，我就不再受条件限制的束缚了，大脑就发生了变化，突变。或者，我一直被别人教导，我们都被教导着去生活在恐惧中。你告诉我恐惧是能够结束的，我本能地说："给我展示一下，我们一起看看是不是这样的。"我想弄清楚你说的是对是错，恐惧是不是真的能够终结。所以我花费了时间，我同你讨论，我想要弄清楚、想要学习，所以我的大脑积极地探索，而不是被告知要怎么做。所以我开始调查、研究、注视、观察恐惧的所有行动，然后我要么接受它，说："嗯，我喜欢生活在恐惧中"，要么我就离恐惧而去。当你理解这一点时，脑细胞就发生了变化。

简单地看待这个问题，这个问题就会变得简单。感知出现时，不需要经过任何努力、不需要愿望或者任何动力，脑细胞中就会出现一种突变——这让它变得稍微复杂了一些。感知就是不带任何思想活动的观察。让关于时间和思想的记忆处于绝对的消寂——不带任何过往地去看某件事情。就这么做。不要带着你所累积起来的任何有关言者的记忆去看待言者。观察他，或者观察你的父亲、母亲、丈夫、妻子、女儿等——无论是谁——不带任何过往记忆、伤害、负罪感和一切现有感情地去观察，只是观察。当你能够不带任何成见地去观察，你就能摒弃这些成见。

肯定，实质就是完全否定

要搞清楚什么是对的，不盲从别人告诉你什么是对的，或者肆意断言什么是对什么是错，你必须认清什么在本质上是错的，并抛弃这种错误。换言之，只有通过否定才能确定什么是对。比如，你意识到，只要贪念存在，你就无法拥有一个平静的思维。所以你要解决的问题就不是思维的平静，而是贪念。你得深入研究，看贪念、贪婪或者嫉妒能否被彻底摒弃。思维不断净化的过程就是不断否定的过程。

倘若我想理解生命这包括了所有宗教的非凡事物的全部，倘若我想感受生活、品位生活，又意识到国家主义、地方主义，或者任何狭隘的态度都会对这种理解造成最大的破坏的话，会出现什么情况？我肯定会意识到，我必须摒弃国家主义，不再把自己当成一个印度教徒或一个穆斯林或一个基督徒。我必须放弃这种狭隘的国家主义的态度，摒弃有组织的宗教、教条和信仰的权威。所以，通过否定，思维开始渐渐理解何为真理。但是我们大多数人会发现通过否定来理解真实是非常困难的，因为我们总认为否定是条死胡同，无法带给我们任何启发。我们说否定会制造一种空虚状态——说的就好像我们的思维目前就不是处于空虚状态一样！

为了理解生命的浩瀚与永恒，你们必须通过否定来接触生命。这是因为，倘若你们把自己束缚在一种特定的行为方式、一种特定的存在模式上，就会很难把自己从这种行为方式和存在模式中解脱出来，去面对一种新的方式、新的方法。毕竟，死亡是最后的否定。唯有当一个人突然死去，不断打破他所有的习惯模式、各种看法、结论、观念和信念——只有这样才能弄清楚什么是生命。但是绝大多数人认为："我无法打破模式，我必须学会一种打破模式的方法；我必须学习一种特定的打破模式的办法。"所以我们成为了那种通过练习建立起来的新模式的奴隶。我们没有打破模式，只是用一种新的模式替代了旧的模式。

你点点头，说真是太对了、太有逻辑了、太清楚了——然后你却继续遵循这种模式，不管是旧的还是新的！对我而言思维的迟钝似乎才是真正的问题。任何足够聪明的思维都能够认识到，我们内心希望安全，希望有一个天堂、一个避难所，在那些地方我们能免受打扰，这种对于安全的渴望创造了一种生活模式，而这种生活模式又成为了习惯。但是要打破这种模式需要巨大的力量、思想和探究，思维拒绝这样做，说："如果我打破自己的生活模式，那我会变成什么？如果旧模式被打破，那这所学校会变成什么？它会变得一片混乱"——好像它现在不混乱似的！

我们总是生活在一种矛盾的状态之中，这种状态引发我们的行动，结果制造了更多的冲突，更多的不幸。我们已经把生活变成了一种用行动来对抗存在的过程。聪明的人，通过自己的伶牙俐齿或者生活方式来说服其他人的人，披上腰布，表面上变成圣人的人，可能内在也正是受到了冲突状态的逼迫才这么做的。他可能内心悲惨痛苦，但由于外在披上了圣人生活的外衣，我们就盲目地遵从他。然而，如果我们真正深入理解这个矛盾问题的内外，我想我们就会采取某种行动，这种行动不会偏离生活，它是我们日常存在的一部分。这种行动并非源于想法，而是源于存在。它是对整个生命的理解。

不知道你们是否曾经问过自己："我要做什么？"如果你们问过自己这个问题，那是否总是根据一种你们已经建立起来的思考模式来回答这个问题？你们从不允许问自己："我要做什么？"——在这打住。你们经常说："必须做这个，必能做那个。"只有智慧的思想、觉悟的思想、看到整个过程重要性的思想才会问："我要做什么，我应当采取什么样的做法？"这个问题的答案是未知的。只有通过否定，达到上述境界的思维才会开始理解、感知存在的全部问题。

思想者与思想、观察者与被观察者的区别

请稍微注意一下这种区别。它可能显得很复杂，但是如果你们静静倾听，就不会这么觉得了。世上有观察者和被观察者，这二者是不同的，两者之间的分别在于词语、意象、记忆，以及所有冲突发生的空间，那空间就是自我，由成千上万往日积累起来的词汇、意象和记忆组成的“我”。因此，它同“是什么”之间并没有直接的联系。你或者否定“是什么”，为它做些合理的解释，接受它，或者为它进行辩护，这都是没有直接联系的言语表达，因此就不了解“是什么”，也就不能解决“是什么”的问题。

羡慕总是存在，由对比产生，而人们也习惯于接受这种羡慕。有人聪明、伶俐、成功，有人不是。我们从小就被培养着去对照和比较，所以催生了羡慕。但是人“客观”地把羡慕认为是身外之物，然而观察者自身才是那羡慕本身。观察者和被观察者之间就没有任何实质区别。

所以观察者认识到，他对羡慕是无计可施的。他很清楚地认识到，无论他对羡慕做了什么，那依然是羡慕，因为他既是导致羡慕产生的因又是羡慕带来的果。因此，“是什么”，也就是我们充满了各种羡慕、嫉妒、恐惧、孤独、绝望等问题的日常生活，和说“我就是那些东西”的观察者是相同的。所以观察者对“是什么”无能为力，这并不意味着他接受它、

适应它，或者对它满意。这种冲突产生于观察者与被观察者之间的区别，但是当不再抗拒“是什么”的时候，会发生彻底的转变，这种转变就是冥想。所以你必须弄清楚作为观察者的你自己的结构和本质以及依然是你自己的被观察者的结构和本质，认识到它的整体和统一就是冥想，冥想中没有什么冲突——这样就能解决问题，超越“是什么”。

那么思考或思想的功能是什么？你必须拥有知识——技术知识、由人类的经验积累的知识、使用词语的经验、如何弹钢琴等。你必须有全面的知识，没有技术知识什么都做不了。

同时你还得清楚知识都做了什么。你通过昨天发生的事情的经验积累起了知识。你想让那种经验得到重复，这可能不会发生，因此，痛苦出现了。所以知识在某一方面既是必须的，在另一方面又带来了恐惧和痛苦。

当你昨天经历落日之时，那种体验是崭新、新鲜、满是欢喜、妙不可言的。落日的光线、质感、所带来的感觉被记录了下来，成为知识，因此，这个知识已经是旧的了。旧知识说：“我必须要有新的体验。”新的体验可以被理解为一种新的欢愉。

所以你就知道了思想起了什么作用，思想必须在科技世界中逻辑、明智、有效、客观地起作用，同时你还得明白思想的危险。问题出现了：容纳欢愉和痛苦的思想的实体是什么？什么东西容纳了这种记忆，并以此为中心进行运转？观察者就是感应器，身负作为基督徒、印度教徒、共产党员等积累起来的知识。观察者就是这个中心，他就是自我，“我”。那个“我”，那个自我，创造了一个超我，或梵，但它仍然是思想的一部分。

所以你本身就具有二元性，既是观察者又是被观察者，既是“我”又是“你”，既是我们印度教徒，又是他们穆斯林。这种区别就是所有冲突产生的原因。

观察者是人类记忆的所有者，思想来源于这些记忆，所以思想从来就不是新的。它从来不是自由的。它只能想象或者发明自由。

如果没有观察者，观察者成为过去，成为一种意象，一个人又如何观察呢？你可以花时间对你的妻子或丈夫建立一种意象——四十年或者十年或者一个月或者一天——那种意象已经被建立起来。意象的制造者是观察者，我们要问的是你能不能摆脱这种意象，摆脱观察者来观察你的妻子、树，或者丈夫。要弄清这一点，你必须弄清楚建立意象的机制。什么制造了意象？如果你了解了这一点，你将不会再制造意象，你就能够摆脱观察者进行观察。

我们要问的是，这种意象制造者，这种制造意象的机制能不能终结。我将向你展示它如何走向终结。首先，你必须调查什么是意识，什么是意识到，意识到树、你的邻居、大厅的形状，意识到各种纱丽服、衬衫的颜色，内在意识和外在意识，无可选择地意识到。

你侮辱我，在侮辱我的时候，如果存在的是完全的意识，大脑中没有记录下来，我就不想还击，我不想叫你的外号，我被动地意识到了侮辱或者奉承，因此，就不存在意象的制造。下次有人侮辱你或者奉承你的时候，要完全地意识到。

然后你就会发现，大脑旧的结构变得平静，没有立即做出反应。记录系统没有记录，因为你完全地意识到了。下次你出去的时候注意看一下，看看树，只是观察，看它的美、它的枝条、树干的力量、枝条的弧线、精致的树叶、树的形状，不要带着意象去看，这个意象就是你之前在看树的时候留下的知识。所以你就在摆脱观察者的情况下看它，看你的妻子或者丈夫，就好像你是第一次见他／她——也就是说，不带意象地去看。这种看是一种真正的关系，不是意象与意象之间的关系。因此，能够如此清楚地进行观察的思维就能够观察到真相。

看看天空，看看树木，看看光的美，看看云的弧线和精致。如果你不带任何意象地去看它们，你就理解了你自己的生命。但是你正像一名观察者一样观看自己作为被观察者的生命；观察者与被观察者之间是有区别的。这种区别就是所有冲突的本质，所有斗争、痛苦、恐惧、绝望的本质所在。只要人类之间有区别，有国家的区别、宗教的区别、社会区别，只要有区别，就必定有冲突。一边是巴基斯坦，一边是印度，双方互相战斗。你是个婆罗门，另外一个不是婆罗门，于是就存在憎恨、分歧。外化的具有各种冲突的区别与内在的分歧一样，正如观察者与被观察者。

一个处于冲突之中的思维无法理解什么是真理。一个经历冲突的思维是一个受曲解的思维、一个扭曲的思维。这样一种思维又如何能自由地观察地球之美，或者一个儿童或者一个漂亮女人或者一个男人或者极度纤细之美，以及涉及在内的一切呢？

现在我们要自己来发现——而不是由言者来发现——是否可能终结观察者与被观察者之间的区别。你们听懂了吗？请注意，如果你们真的想进一步深入探讨，这问题就非常重要。你们要研究什么是爱、什么是死亡、什么是真理之美、什么是冥想、什么是完全彻底静止的思维。要理解所有这些，你必须得从终结冲突开始，而只要存在观察者与被观察者，就会存在冲突。

下一个问题是：什么是观察者，那个把自己与被观察者分开的观察者？我们知道，当我们生气的时候，盛怒之时就不存在观察者。正在经历之时，观察者也不存在。看日落的时候，那个日落是无限的，当你看日落的时候，没有什么观察者说："我正在看日落。"可一秒钟之后，观察者就出现了。假设你正在生气，当时存在的只有生气的状态。可一秒钟之后，观察者再次出现，说："我不应该生气的，"或者"我生气是有理由的。"这就是区别的开始。

这是如何发生的？为什么在经历的时候，就完全没有观察者的存在，为什么一秒钟之后观察者就出现了？当你看花的时候，当你近距离观察它的时候，不存在观察者，只有观看。然后你开始给这朵花起名字。你说："我希望我能在自己的花园或者房子里种这种花。"那时你已经开始在建立对于花的意象了。这种意象和意象的制造者就是观察者，观察者关乎过去，作为观察者的"我"是过去的，"我"就是我所积累起来的知识，关于痛苦、悲伤、苦难、绝望、孤独、嫉妒的知识。观察者带着老眼光在看这朵花。你不知道如何摆脱观察者来看这朵花，因此，你产生了冲突。

现在我们的问题是：你能否只是看着这朵花，看着你的生命、你的痛苦、你的绝望、你的悲伤，不去给它起名字，不跟自己说："我必须超越它，我必须抑制它？"你能否摆脱观察者的身份去看它？让我们以你自身，以你或者大部分人倾向于做的那些事情举个例子——嫉妒。你知道什么是嫉妒。你很熟悉嫉妒。嫉妒是比较，是思想的度量，是你现在的样子和你应当是什么样子或者你想成为什么样子之间的比较。当你对你的邻居心怀嫉妒的时候——他有一辆更大的汽车、更好的房子，以及其他所有东西——你当然会感觉嫉妒，也就是说，你把自己同他进行比较，变得更加嫉妒他。现在你能不能审视这种感觉，不说它是对是错，不给它命名？你能不能不带意象的来看待它？那你就超越它了。不要与嫉妒做斗争，不要试图去抑制它，而是观察你的愤怒、你的嫉妒，不要给它命名。命名是过往记忆的活动，过往的记忆在进行辩护或者进行谴责。如果能够看着它而不进行命名，那么你将发现你超越了它。

一旦你知道可能会超越"是什么"，你就充满了能量。因为不知道如何来对待"是什么"而不知道如何超越"是什么"的人是害怕的，他想逃避。这样一个人就失去了能量。如果你有一个问题，你能够解决它，那么你就有能量。一个有一千个问题不知道如何处理的人会失去自己的能量。所以同样，看看你的生活，生活中有你称之为爱的东西。

什么是爱？我们正在讨论爱应该是什么的理论。我们正在观察我们把什么称之为爱。爱是快乐吗？爱是嫉妒吗？一个人会爱有抱负的人吗？一个人会爱争强好胜的人吗？你们都是争强好胜的，你们都想要一个更好的工作、更好的职位、更好的房子、一个你对自己期许的意象。当你经历了这种专制，当你主宰了你的丈夫、妻子、孩子，你还能爱吗？当你正在追逐权力，还可能会爱吗？

当否定了不是爱的东西之后，剩下的就是爱。你必须得否定掉所有不是爱的东西，那就意味着在讲话、行动或者思想中没有远大抱负、没有争强好胜、没有盛气凌人、没有暴力。当你否定掉了不是爱的东西之后，你就知道什么是爱。爱是某种强烈、让你感觉强烈的东西，爱并非快乐。因此，人必须理解快乐，不要试图去爱什么人。

现在让我们来看看什么是观察者——如果你们还有精神继续的话。什么是观察者？观察者肯定是过去——过去，不管是昨天还是几秒钟之前，或许多年之前，抑或是作为生活在特定文化中的制约体的许多年。观察者就是过去。观察者是过去经验的总和。观察者是知识。当我说："我认识你，因为我昨天见过你"的时候，当我说"我是个印度教徒、基督徒、清教徒、共产党员、穆斯林"的时候——这就是过去。我受到了文化的条件限制，我是在这种文化中长大的。所以观察者就是过去。这很明显，对吗？观察者是在时间的领域内的——更复杂地说的话。观察者是过去，过去通过现在来塑造未来。未来依然是观察者。当他说"我将成为那个样子"的时候，他就已经从过去的知识中规划出了"那个样子"，快乐、痛苦、苦难，或者欢乐、恐惧等，然后说："我必须成为那个样子。"也就是说，过去通过现在被塑造成了未来，未来是从过去规划出来的。所以观察者就是过去。也就是说，你生活在过去——对吗？想一想吧。你就是过去，你生活在过去。那就是你的生活。过去的记忆、过去的欢乐、过去的回忆、你享受过的事情——以及失败、缺乏满足感、不幸，过去的每一件事情。通过观察者之眼，你开始对现在、对正在生活的事做出判断。你们在听吗？

所以当我审视我自己的时候，我正在用过去的眼光看待自己，因此，我谴责、判断、评估，然后根据观察者积累起来的文化、传统、知识、经验说"这是对的、错的、好的、坏的"。因此，它阻止对正在生活的事情、对"我"进行观察。那个"我"可能根本不是我！我只认识作为过去的"我"。我不知道你们听没听懂。当穆斯林说他是一个穆斯林的时候，他只是一个过去，受到他所成长的环境制约的过去。就像基督徒或者共产党员一样。整个事情都建立在这个的基础上。所以当我们讨论生活的时候，我们讨论的是过去的生活。因此，过去和现在之间就产生了冲突，因为我是一名被条件限制为穆斯林或者其他身份的人，我无法遇见生活着的现在，生活着的现在要求我打破我的条件限制。我的条件限制是由我的父亲、我的先辈竭力塑造起来的，他们想把我保持在他们的信仰、他们的传统、他们的伤害、他们的不幸中。这是一直以来都在发生的事情——不仅仅受到过去和我们生活过的文化的条件限制，还受到每个事件、经验、事情的条件限制。我们生活在过去。我看到美丽的日落，我说“多好看哪，看看那光、那阴影、太阳的光线、绿光、山脊”——这种意象被储存起来，这个记忆第二天起了作用，说“我必须再看看那轮太阳，再次发现那种美”。一旦我无法发现它，我就努力地去寻找——到博物馆去——你们懂了吗？整个循环就开始了。

那么我能不能用从未被时间染指过的眼光来看待我自己呢？时间包括分析、固守过去、整个做梦的过程、回忆，以及追忆过往故步自封——所有这些。我能不能摆脱时间的束缚来看自己？问问你自己这个问题。不要说你能或者不能。你不知道。当你不随着时间的眼光看自己的时候，那你看的是什么？请不要回答我。你们理解我的问题吗？我已经用时间、过去的特征、本质和结构来看过自己，我已经用过去的眼光来看过我自己。我没有其他选择了。我已经把自己看作是一名基督徒或者其他什么，这都是过去。所以没有了时间，即过去，我的眼光就无法看到我自己，看到“是什么”。所以我要问一个问题，那就是：眼睛能脱离过去来观察吗？

我们也可以这么说：我对自己有一个意象，这个意象不仅仅是我所身处的文化创造的，我对自己还有一个脱离文化之外的意象。我们有很多形象。我对你有一个意象，我对我的妻子、孩子、政治领导人、我的牧师有一个形象，我对我应该是什么、不应该是什么有一个意象，同时文化还赋予我一个意象。所以我有很多意象。你们有吗?

（听众回答“有”。）

真高兴！那么你们能不能摆脱意象来看？因为如果你带着意象看，很明显看到的东西就失真了，对吗？我带着对你的意象来看你，这个意象是因为昨天你对我很生气而形成的，这个意象是你不再是我的朋友了，你是这个或者那个。那种意象会在我下次碰到你的时候扭曲我的感受。所以那个意象是过去的，我所有的意象都是过去的。我不敢摆脱那些意象，因为我不知道没有意象会变成什么样子。所以我抓住一个或者两个意象不放，所有思维依靠着一个意象来生存。

那么，思维能不能摆脱意象来观察——摆脱对树、云、山、流水的意象，对我的妻子、孩子、丈夫、姑姑的意象，摆脱关系中的任何意象？在关系中正是意象导致了冲突。对吧？我无法容忍我的妻子，因为她欺负我。那种意象是逐日建立起来的，那种意象阻止了任何关系的发展，或许我们睡在一起，那也没用。所以就出现了斗嘴。那么思维能不能摆脱由时间建立起来的意象来观察和观看呢？那意味着，思维能不能摆脱意象来观察？那也就意味着摆脱观察者——即过去、“我”——来观察？我能不能摆脱作为约束体的“我”来看你们?

（听众回答“不可能”。）

不可能？你怎么知道不可能？当你说不可能的时候，你就已经把自己封闭起来了。可如果你说可能，它也会把你封闭起来。但是如果你说，让我们来研究、审查、审视一下它，那么你就会发现思维可以脱离时间的束缚来进行观察。当思维如此观察的时候，被观察者是什么呢？

我从学习自己开始——我探讨了所有的可能性、分析等，我发现观察者就是过去，思维生活在过去，因为大脑是随着时间进化的，时间也是过去。过去让你有“安全感”，对吗？我的房子、我的妻子、我的信仰、我的地位、我的职位、我的名声、我那该死的小我——在那里有着巨大的“安全”“安全感”。我要问，思维能不能摆脱这些东西中的任何一个去观察？如果能，除了山、花朵、颜色、人之外，还能看到什么——我身上有没有要观察的东西？因此，思维是完全自由的。你可能会说，自由有什么意义？意义在于：这种思维没有冲突。这种思维是完全平和的，没有暴力。这种思维能够创造一种新的文化——一种新的文化，不是旧文化所对应的文化，而是一种完全不同的东西，在这种文化中我们完全没有冲突。这种文化不是作为一种理论、一种口头表述而被发现的，而是作为一个人本身的一种现实被发现的——思维能够进行完全的观察，因此能够摆脱过去的眼光，因此，思维是截然不同的。

我们如何来面对这个非常明显的问题？那就是：我们的思维是受到条件限制的，我们的思维永远在跳跃，从未平静？我们尝试着去强迫它平静下来，或许有时候它会突然平静下来。要解决这个问题，要学习，要弄清楚，就必须有没被分解、没被弄乱、没受到曲解的平静的思维。如果我想看清楚什么东西，无论是树、是云，还是我旁边的人的脸，要想不加曲解地看清楚，思维就绝对不能跳跃。我们的头脑必须非常平静地观察、去看。这个看就是做和学。那么什么是冥想？能不能不加曲解地思考、观察、理解、学习、看清楚，能不能不要听什么就是什么，而是不根据自己的成见进行解读或解释？当你在早上听到鸟叫的时候，能不能脑子里一个字不想地完全地听鸟叫，能不能全神贯注地听鸟叫，而不是边听边说它如何美妙、如何美好，多么美好的一个早晨？

所有这些意味着思维必须平静，如果有任何形式的扭曲，思维就无法平静。那也就是为什么一个人必须理解各种形式的冲突，无论是个人和社会之间的冲突，还是个人与邻居之间，自己、妻子、丈夫、孩子等等之间。任何形式任何程度的冲突都是一个扭曲的过程。如果当某人想以各种不同的方式来表达自己但又无法做到的时候，他自己本身就会出现矛盾，然后就会出现冲突、斗争、痛苦，扭曲思维的品质、微妙和敏锐。

冥想是对有着双重活动和冲突的生命的本质的理解。如果了解了冥想真正的重要性和正确性，那么即使已经被条件限制了几千年，生活在冲突、斗争和较量中，但是思维还是会变得清晰，没有扭曲。思维认识到只有在它遵循一种意识形态、一种相对于是什么的应当是什么的观念，才会出现扭曲，才会出现二元性、冲突和矛盾，思维才会被曲解和歪曲。

冥想中只有一件事情。那就是“是什么”，除此之外别无他物。完全关注于“是什么”就是排除掉各种形式的二元性，因此就不会出现冲突，不会出现被曲解的思维。所以，冥想就是一种弄清楚到底“是什么”，不对它进行解读或解释，不期待它应该是什么，或接受它的思维。

只有当“观察者”不再存在时，思维才能这样做。

注意，这一点非常重要，一定要理解。我们大多数人都会害怕。所以就出现了恐惧，一个希望消除“恐惧”的人就是“观察者”。“观察者”

就是那个“承认”新的恐惧，并按照已知的和在过去储存起来的、希望逃避的恐惧对它进行解释。所以只要存在“观察者”以及被观察者，就必然存在二元性和冲突，思维就会变得扭曲。那是最复杂的状态之一，我们必须理解。只要存在“观察者”，就必然存在二元性的冲突。

是否有可能超越“观察者”——作为过去、“我”、自我的积累的“观察者”，来自对这种过去的积累的思想？

我希望，在言者将这件事付诸语言的时候，你们能够倾听并对它进行清楚的观察，看有没有可能消除所有的冲突，使思维能够完全平静下来——而不是满足，只有存在不满足的时候才会出现满足，这又是一种二元性的过程。当不存在“观察者”，只有观察、没有冲突的时候，才能出现完全的平静。否则，就会出现暴力、侵略、野蛮、战争，以及现代生活的所有样式。

所以冥想就是对思想的理解以及探索自我是否能够终结思想。唯有如此，当思维平静的时候，才能不加任何曲解、伪善，或者自我欺骗地看清楚到底“是什么”。有学说和上师说，要终结思想，就必须学会专注、学会控制。但是一个受过训练，懂得模仿、服从、接受和遵从的思维，常常是处在害怕中的。这样一种思维从来不懂得平静，这样一种思维只能佯装平静。平静的思维是不可能通过服用任何药物或者通过重复词语来实现的。你可以把思维变得迟钝，但不是平静。

冥想是对悲痛的终结，对产生在婚后生活或者商界经历中的有关恐惧和悲痛思想的终结。经商时，你必须利用自己的科技知识，但是当知识被有目的地运用于心理世界时，为了让心理变得更加强大，占据一个给你威望、声誉、荣誉的位置的时候，冥想就只能带来对立和仇恨。这样一种思维永远不能理解什么是真理。冥想是对生活方式的理解，是对悲痛、恐惧的理解，是对它们的超越。要超越它们，不仅仅要聪明理智地懂得悲痛和恐惧的过程的重要性，实际上还要超越悲痛和恐惧。要清楚地理解这一点，就必须终结“观察者”。

冥想是一种生活的方式，而不是对生活的逃避。冥想显然不是空想或者拥有奇怪神秘的经历。如你们所知，你可以服用一种致幻药品，产生特定的化学反应，让思维变得高度敏感，在这种敏感的状态下，你可以以一种更高的高度来看待问题，但是它依然要拘泥于你的条件限制性。

冥想也不是对词语的重复。最近出现了一种风潮，有人给你一个梵语词汇，你不断重复，希望能够实现某些超长的体验——这完全是胡扯。当然，如果你不断重复许多词语，你的思维就会变得迟钝，平静就是这样得来的，但那根本不是冥想。冥想是对生活方式的不断理解，每一分钟思维都是超乎寻常的鲜活、警醒，没有任何恐惧、希望、意识形态、悲痛的负担。如果我们能够这样做，我希望我们中的一些人能够在实际中这么做，而不要只是理论上这么做——那么我们就能够进入与众不同的状态。

我们已经说过，如果不理解日常生活，不理解孤独、无聊、快乐、愉悦的性爱、亟待满足的要求、申述自己的日常生活、爱恨之间的日常生活、要求被爱的生活、内在深深孤独的生活，你们就无法走得很远。如果不理解这些，如果做不到不曲解，不变得神经质，不能变得完全、高度的敏感和安定，你们就无法走得很远。

只有打下这些坚实的基础之后，思维才能够完全平静——这跟像牛一样满足是完全不同的！那么，能否弄清楚是否存在超越思维比较之外的东西，是否存在像真实和像神这样的东西，为了这种东西人们已经追寻了数百万年，从众神和庙宇中追寻，奉献自身，变为隐士，以及人们经历过的所有荒谬和发明。

时至现在，从某种意义上来说，口头解释和口头交流是可行的。但是词语仅存在于那些能够用词语进行表达的事物中。如果超越了这一点，那就根本无法用词语进行表达。描述它就变成了一件根本没有意义的事情。人们能够做的只有打开那封锁你的那扇门，那扇门只有在有秩序的时候才能维持打开的状态。这里所说的秩序不是社会的秩序，社会是无序的，而是当你在摆脱“观察者”所带来的扭曲的前提下弄清楚到底“是什么”的时候产生的秩序。如果根本不存在扭曲，那就是秩序主导了一切，秩序本身会带来自己特别的、细微的纪律。人们能做的只有让这扇门维持打开的状态。无论现实会不会走过这扇门，人们都无法对现实发出邀请，或许你会非常幸运，在特别的机会下，现实可能会到来赐福。你无法追求现实，毕竟，那是美和爱，是你无法追求的东西。如果你执着追求，它就变成仅仅是快乐的延续，而不是爱。只是幸福，不是爱。当思维处于那种冥想的状态时，就会有巨大的幸福。那么每天生活的矛盾、残暴和暴力就会没有容身之地。但是人必须每天非常努力地打基础，那才是最为重要的，其他的都不重要。从这种平静，也就是冥想思维的本质中可能会出现爱和美。如果你能够摆脱感应器去实际观察“是什么”，那么“是什么”就会出现转化。人在暴力的时候是暴力的——很显然这是正常的人类状态。我是暴力的。在暴力的时候，不存在观察者，几秒钟之后观察者产生了。他说“我不应当暴力”，因为他对于非暴力有一种意象和理想——这阻止他去观察暴力。所以他对自己说:“我应当一天天变得越来越不暴力，最终我将达到一种非暴力的状态。”我是暴力的，并且说我某天会变得非暴力，这句话隐含的简单事实是什么？首先，存在观察者和被观察者。其次，在达到非暴力的状态之前，我同时播下了暴力的种子。我达到非暴力的状态只是一个时间问题——也就是说，暴力和非暴力之间的距离可以通过时间跨越。在那种情况下，观察“是什么”。

你们如何观察“是什么”？你们是使用自己受条件限制的思维来观察的吗？比如说，怀着你对暴力的意象说“我不能暴力”。要不带意象的去观察，需要巨大的能量。在抑制暴力或者转化暴力或者追求一种理想的非暴力状态时，你只是在浪费能量。纯粹是在浪费能量。

观察者与被观察者的区别是一种幻觉

我认为我们值得花些时间来讨论一下意识、注意和冥想的问题。首先，我们来进行自我剖析，看看我们所说的意识是什么。在我看来，我们大部分人都是无意识的，要么意识不到我们在说些什么，要么意识不到我们的感觉、我们的环境、我们周围的颜色、树的形状、云、水的流动、鸟的飞翔——或许你们有些人今天早上清楚地意识到了空气是多么晴朗和芬芳。但我们其实根本没有真正意识到这些外在的事物。

或许这是由于我们太过于关注自身——我们自己的问题、想法、欢乐、追求、抱负——我们无法意识到外在和客观的东西。尽管如此，我们还大谈“是什么”。有一次，言者和几个人一起乘车出行。车里有个司机，我坐在司机旁边。我们后面坐着三位正在刻意谈论意识的先生，司机不小心轧上了一只山羊——这三位先生依然在讨论意识，根本没有意识到发生了什么！司机也一点都不关心。当我们指出那些试图变得有意识的人的缺乏意识时，他们会觉得相当意外。对于我们大部分人而言也是如此。我们要么不知道内在的事物要么不识得外在的事物。所以我们能不能花点时间来讨论一下这个问题？

我们大部分人的思维十分迟钝、不敏感，因为我们都处于亚健康的状态中，几天、几个月、几年以来连续生活在问题之中——孩子、婚姻、养家糊口、我们所生活于其中的残酷的社会等等各种问题——所有这些让我们变得不敏感、迟钝，反应迟缓。这样一种思维想要变得有意识，希望摆脱社会、个人等等加在我们身上的限制。在谈论意识的时候，我认为需要知道意识是多么简单——不要把它复杂化，不要说“它必须这样”或者“它不能那样”,而要简单地开始,因为这是一个无比复杂的问题。

我们必须一步一步来研究，不要进行分析性的研究，而要观察真实的自我，知道我们是什么，从此起步。我们能不能仅仅因为有趣而这样做？我认为那会加强我们的思维，因为我们是非常粗野、武断、过分自信、自负、希望告诉他人我们想什么、他们应当或者不应当怎样做的人。我们希望指挥他人，我们承担本不是我们的责任。所以我们生活在自己那种自负、自我设定的世界里，由于生活在那个世界里，我们就把意识当成一种特别神秘的东西来讨论。

如果我们能够深入研究这个有趣的问题，我们就会踏上一条没有止境的旅途。我们应当这么做吗？请不要随便就表示同意。自己想想这究竟重不重要。因为我觉得，如果我们能够理解这个非常简单的事情，我们就能够理解我们自己的思维构造，我们自己的各种状态——矛盾、盲目、自作主张、野蛮，这样一来我们就能够意识到我们自身的所有沸腾、燃烧的东西。让我们开始吧。

首先，我们不要给意识下定义，因为每个人都会给出不同的定义。随着问题的深入我们会发现意识是什么意思。当你给意识下定义的时候，你就已经用词语把自己给封闭起来了。但是如果你说：“我准备弄清楚它是什么意思，”那么你的思维就变得顺从、灵活，你就能继续前进了。所以我们开始研究它吧。不要把它复杂化，因为随着我们开始对意识进行研究，它会变得越来越复杂。但是如果你从意识的复杂之处开始的话，你就无法看到它的极度简单之处，并通过这种简单来发现存在于意识中的差异、矛盾和不同之处。

提问者：您提到了对事物的意识和思维的状态。那是不是意味着意识总是有个客体，比如恐惧？

克：我们来探讨一下这个问题。嗯，现在我什么都不知道，对吧？我什么都不知道。我准备找出它是什么意思，而不是让别人告诉我。首先，我知道、清楚外在的事物吗？树的形状、站在电话线上梳理羽毛的鸟、路上的坑、我对面的面孔。也就是说，只是看。首先要看——要看见！或者，我清楚自己关于鸟或者树的意象吗，或者对坐在我面前的面孔的意象？我看见了你——真实直观地——同时我对你也有一个意象——你年长或年轻、漂亮或肮脏、你这样或那样。

我不仅仅是直观地在看你，看你像什么样，同时，因为我认识你，我对你还有一个意象，那也是意识的一部分，对吧？我知道你的脸、你的肤色、你脖子上围着的围巾、棕色的衬衣——但同时我对你也有一个意象，因为我认识你——你说了高兴或者不高兴的事情——我已经建立起了对你的意象。那也是意识的一部分，不是吗？当然是。

现在，我们继续前进。我通过建立起来的对你的意象来看你。我看你——不仅看你的棕色衬衣等，我还通过自己的意象来看你，对吧？所以，实际上我根本没有在看你！那只是意识的一部分，对吧？要认识到，正在看你的意识阻止思维来直接看你。这很简单，对吗？

那么现在继续。我们现在意识到了这一点，脑海中的意识说，我根本没有在看你——是我的意象在看你！我是在用自己的意象在看你。首先，我知道自己有一个意象，我之前并不知道这一点。然后我知道那个意象是如何形成的。那么，那个意象是如何形成的？那个意象的形成是因为你伤害了我，或者对我说了不好的事情，恭维我，说“你真是个好人”，或者说“看在上帝的份上，聪明点吧”等。

通过你的言语表达和你赋予这些言语的感情，以及我对那些话和那些感情的反应，我建立起了对你的意象——也就是我对你的记忆。

提问者：但您甚至是在第一次见某人的时候就形成了对他的意象。

克：是的，它可能是瞬间形成的。我不喜欢你的脸，或者我喜欢你的脸。我喜欢你化的妆，或者不喜欢，如此种种。我在瞬间就建立起了一种意象。所以我第一次意识到我已经建立起了对你的意象。同时我还意识到这个意象是由喜欢和不喜欢组成的。我是个德国人，你是个法国人，我不喜欢你，等等。所以我通过自己对你的反应意识到了这个意象。我们可以继续研究下去吗？你们理解这些话吗，还是只是在看着你们自己，察看你们自己对我或者其他人的意象，那种意象是如何建立起来的？无论你喜不喜欢它。因为如果你意识到了，说“我喜欢”或者“我不喜欢”，你就加强了自己的意象。或者你说“我必须摆脱这种意象”。你就又一次强化了那种意象。但是如果你不带任何反应地去观察这个意象——不知道你们听懂了没有，是不是太难了？

这是一个非常复杂的过程。除非你们非常非常认真地听我说，否则你们就会搞不清楚整件事情。因此，你们必须认真注意。我知道你的棕色衬衣、围巾和你围巾的颜色。我还意识到我正在通过我建立起来的对你的意象来看你，这种意象是通过你的话语、你的姿态或者通过我对你的成见、我对你的喜欢和不喜欢建立起来的。那也是意识的一部分。我还看到，我意识到这种意象妨碍我来直接看你，同你直接进行接触。然后我对自己说："我必须摆脱这种意象。"然后就开始有了冲突，对吗？当我想摆脱我建立起的对你的意象的时候，因为我想同你进行更密切的接触，直接看你，那是对意象的另一种形式的反应。

所以我意识到，我有一种意象，这种意象妨碍我看、观察到底"是什么"、你到底是什么或者我到底是什么。所以我想摆脱这种意象，我希望消除这种意象，因为这可能会更有益、更加快乐，带给我某种更深、更广的体验。所有这些都是意识的一部分。我想摆脱那种意象的时候，我就在同意象进行斗争，这就是冲突。我已经意识到发生了什么。我意识到了你的棕色衬衫和你围巾的颜色，我意识到了我建立起来的对你的意象。

我意识到这种意象正在阻止我同你进行直接接触，看清楚你到底是什么，或者意识到我所拥有的东西阻止我审视关于自己的意象。我希望摆脱那种意象，因为我听到你说的了，自知很重要。因此，我不想对自己有种意象。当我想摆脱这种意象的时候，之前的意象和我创造的新意象之间就会发生冲突。所以我现在处于冲突之中。如果这个冲突最后以某种快乐结束，我就希望它能够继续。如果这种冲突造成了痛苦，我就希望摆脱它。所以我知道整个事情的类型。

我希望你们与我一起做——感受你们自己对某人的意象、看着它、意识到它，正如你们意识到帐篷那样，帐篷的大小、结构、补丁、破洞等等。同样，你们意识到自己的意象以及这种意象的含义。现在，我正处于冲突之中。要么我真正地意识到了那个冲突，要么我希望把冲突变为某种能给予我更多的东西，或者我只是在非常肤浅表面的冲突中，或者我意识到了这种冲突的深层次东西。

意识不仅仅是我自身对冲突的肤浅观察，更是通过这种意识来揭开深层次的冲突。那么，如果意识中存在恐惧，我希望把恐惧全部排除掉。我不想看见恐惧。所以我通过喝酒、吃药、女人、男人、娱乐、消遣、教堂等等各种途径来逃避恐惧。所有那些都是意识的一部分，对吗？逃避恐惧，对我用来逃避的东西赋予重要性。

我意识到自己孤独、可悲。我不知道如何摆脱这种感觉，或者如果我知道如何摆脱，但是要去做却太难了，因此，我选择逃避——去教堂、服药、参加共产主义、各种形式的娱乐。因为我逃避了我所害怕的事情，逃向能够帮助逃避的事物，那些事物就变得极为重要。所以我就迷恋那些事物。它可能是我的妻子、家庭——无论是什么。但是所有那些都是意识的一部分，不是吗？我很缓慢地开始——一步一步地——我看到了你的衬衫、你的衬衫颜色、你的围巾颜色，并一步步深入，直到发现我拥有一整套可逃避的东西。我没有找出这些东西，我没有分析它们，通过意识，我开始一步步地进行深入。你们听懂了吗？

提问者：我没懂。我清楚意识的那一部分，但是突然跨越到了内心的逃避。您能再说一次吗？

克：跨越在哪？

提问者：意识和我们的逃避之间的跨越，比如从内心的孤单。

克：哦，我还以为自己讲清楚了呢。我建立了一种对你的意象，我以前从来没有意识到这种意象，通过观察其他事情，通过意识到外在的事情，我意识到了这种意象。我很自然地从外在事物转向了内在事物。

从内在我发现了对你的意象。我对这个意象进行了研究，这很清楚，对吧？现在，通过意识到那种意象，我发现我建立这种意象是为了保护我自己，或者是因为你对我做了残忍的事情，这些事情停留在我的记忆中，或者你说了不愉快的事情，它们也停留在我的记忆中。所以有一个我建立起来的意象，我认识到这种意象阻碍了我深入观察我与你之间的关系。

提问者：先生，您的意思是，您所拥有的这种意识不仅限于一个人，还适用于每一个领域？

克：当然，我对每样东西都有意象——对你、对我的妻子、我的孩子、我的国家、对上帝。（听到头上飞过喷气式飞机的声音）你们注意到那架飞机的噪音了吗？你们意识到自己对噪音的反应了吗？反应是：我想让他多讲一点，噪音让我听不见。或者你们只是在听那种雷鸣般的噪声？当你别无选择地听那种轰隆声的时候，你们听得就完全不一样，对吗？不对？你们一直听着这种轰隆声，直到它远去并消失。你们听着它，然后开始注意到河流的不同声音——听到没——听到远处孩子们的声音？但是如果你说，我不喜欢那种声音，因为我想听这里的声音，我想弄清楚，那会发生什么？那样你们就会心里挣扎，对吗？你们想听，但是受到了噪音的干扰，所以就会对噪音产生抗拒心理，还有想听、想弄清楚的意愿，因此就产生了冲突，你们就迷失在那种冲突之中。你们既没有听轰隆声，也没有听这里讲了什么。我们继续。

我建立起了对你的意象，现在我看清楚、认识到、意识到这种意象在阻止我更清楚地去看你，我希望摆脱那种意象，因为我想更清楚地去看你，更直接地了解你。所以我原来建立起的对你的意象与我脑海中对你的新意象，即要看看你，之间就起了冲突。这两者之间有了冲突。我不知道如何来消除这些意象，我变得疲惫、厌倦，因为我无法解决这种旧意象与新意象之间的冲突，我选择了逃避——我有一套可用以逃避的东西，我逐渐意识到了这些东西：喝酒、吸烟、持续不断地说话、提出想法、判断、评价——十几种可逃避的东西。我意识到这些肤浅的逃避，由于我的观察，我还开始发现这些逃避的深层次内涵。你们听懂了吗？

提问者：通过这样做，我失去了同观察者之间的联系。

克：我马上就要讲到这一点。你们看，你们实际上并不是在这样做。如果你们一步步这样做，你们很快就会发现观察者的本质。所以发生了什么？意识揭示了一整套可用以逃避的东西，肤浅的逃避——同时通过那种意识我弄清了逃避的深层次内涵——动机、传统、我的恐惧等等。所以现在我已经分析到了这里。从这件棕色的衬衫和这条围巾开始，我发现——意识已经出现——我是一个非常复杂的实体——意识完全显现——而非理论上的存在。也就是说，这个意识已经真实地展现了"是什么"。到目前为止，观察者一直都在观察着所发生的一切。我观察了那件衬衫、围巾的颜色，把它们当成我的身外之物——其实就是这样的，不是吗？然后我观察了我建立起来的对你的意象。那个意识又展现了这种意象的复杂性，我依然是这种意象的观察者。所以就存在着意象和意象的观察者——我在努力，但是你们没有！——于是再次出现了二元性：观察者和被观察者，即意象，我所拥有的十几个意象——如果我有的话——这些意象所造成的各种类型的冲突又导致了表面或者深层次的逃避。观察者依然在观察着这些逃避。

现在意识继续向深处发展。观察者是谁？

观察者同意象不同吗？观察者难道不是另外一种意象吗？所以一种意象，像观察者一样，观察着他周围或他自身所有的几个意象。不是吗？这个观察者实际上是个探测器，是那个说“我喜欢”或“我不喜欢”或“我喜欢这个意象所以我要继续保持”或者“我不喜欢另外一个意象所以我想消除这种意象”的人。但是观察者是由在对各种意象做出反应的过程中形成的各种意象构成的。你们听懂了吗？

提问者：但是所有这些意象都是观察者所有的。

克：当然。

提问者：但是您说它是一个看见其他意象的意象？

克：当然。我审视、探索，直到发现观察者也是一种意象，只不过是他把自己同被观察者区分开来而已。先生，这需要大量的实际观察，不要接受别人说的任何东西。观察者是通过对各种意象的记忆和对它们的反应形成的。然后观察者又把自己同其他意象区别开来，说：“我如何来消除这些意象？”所以这个意象是一个永恒的意象！这个永恒的意象认为自己是永恒的，说：“我希望消除其他所有意象，因为它们真的造成了麻烦，它们真的带来了冲突。”所以它把责任全部推到其他意象身上。尽管这个观察者——意象才是所有问题的原因。

提问者：这个意象必须消除自己。

克：谁是那个能够消除它的实体呢？另外一个意象！必须理解这一点。

提问者：先生，如果我们认真看这些意象，我们就会发现它们是由思想构成的。如果我们看看自己——观察者的意象，我们会发现它也是由同样的东西构成的。我发现了这一点。

克：对，你说得很对。我们已经发现这一点了。这种意识已经揭示出，存在着一个由其他各种意象构成的中心意象，这种意象是最重要的。它是探测器、评价器、裁判，然后它说："我必须消除其他所有意象。"所以在它和其他意象之间就出现了冲突。我们维持着这种冲突，因为我们不知道如何解决，我们进而逃避——通过神经疾病或者有意识地刻意逃避比如喝酒、教堂等。随着这种意识向深处发展——不，是你们推动它向深处发展——你们问：观察者同其他意象不同吗？其他意象是判断、观念、结论、伤害、国籍的结果——所以观察者是其他所有意象的结果。

提问者：我们害怕这种复杂性。

克：但是生活就是那样的。因此，你们害怕生活，因此，你们逃避生活。你们看，你们并没有完全注意这一点，那也就是为什么说什么事情的不好这么难的原因。我对你们有一种意象。那种意象是由伤害、喜欢和不喜欢构成的。那是事实。那种喜欢和不喜欢在我体内制造了另外一种意象，也就是我不能喜欢或者不喜欢，因为喜欢和不喜欢是荒谬的。因此，我建立起了一种意象，这种意象说："我不能喜欢或者不喜欢，"这是建立意象并弄清楚这种意象的含义的结果，这又导致了另外一种意象的形成。

提问者：有些思维根本不是那样运转的。我的就不是。

克：好吧。但是我们在讨论意识，而不是你的思维或者我的思维是如何运转的。所以观察者即被观察者。现在存在着观察者的意象，在观察者和他所有的各种意象之间，又存在着区别、差异、时间间隔，因此观察者希望征服它们，他想使它们屈服，他想摧毁它们。他希望消除它们，因此观察者与被观察者之间就产生了冲突。对吧？他说：“只要我有冲突，我就必然困惑。”所以他说：“我必须摆脱这种冲突。”要摆脱这种冲突的愿望制造了另外一种意象。认真听着，意识已经揭示了这一点，揭示了我的思维的各种状态，揭示了各种意象、意象之间的矛盾、冲突、无能为力的绝望、逃避、精神假设等。所有那些都是通过谨慎、犹豫的意识得到揭示的，所以就存在观察者即被观察者的意识。请弄清这一点！并不是有一种更高的实体意识到观察者即被观察者，而是这种意识揭示了观察者即被观察者。你们听懂了吗？

你们知道，这就是真正的冥想。

现在我们可以继续了。当观察者意识到他就是被观察者后，会发生什么？他并不是通过任何形式的知识概念、想法、观念来认识到这一点的，他是通过意识来认识到这一点的——通过意识到衬衫和围巾的颜色，然后继续、继续、一步步深入。

提问者：很抱歉我要打断一下，但是有个重要的问题我没有理解。您说意识发现观察者即被观察者。那么，那意味着他是真正的被观察者还是对被观察者的反应？

克：我没有太理解你的问题，先生。

提问者：嗯，您说观察者即被观察者？

克：我没有这么说。

提问者：好吧，意识发现了这一点。您说的。

克：我是说过。

提问者：所以，比如说，现在我对您有一个意象，意识发现我就是那个被观察者，意象的被观察者。您说观察者是他所看见的对您的意象呢，还是他是对那种意象的反应？

克：当然，他是对意象的反应。

（另外有人问：“对此你能不能多解释一点呢？”）

克：(对第一个提问者说)：你能解释一下吗，先生？

提问者：当然，如果您让我说的话，我会说的。

克：说吧。你可以站起来说，也可以到这来说，随你便。

提问者：言者说可以看出观察者即被观察者。我们已经讨论了被观察者。一棵树，那就是被观察者。言者是说意识看到的就是那棵树吗？不是。他说我看见的不是一棵树，我看到的是树的意象。所以，他所谓的意识是我作为观察者对那棵树的意象呢，还是我作为观察者对那棵树的意象的反应？这就是我的问题。

克：先生，你说的对。你是你所创造的对那棵树的意象的反应。如果你对那棵树没有任何意象，就不会有观察者。

提问者：先生，能不能这么说，通过与各种事物的无数联系，由喜欢和不喜欢建立起来的意象同时还构建了形成观察者的一些聚合物和聚集体？那么，当我们内心没有试图去理解它而理解了的时候，那只是简单地意识到了它。

克：你说的对，先生！你说的很对。

提问者：然后您又问，“发生了什么”？

克：我正要探讨这个问题。这种意识已经揭示了观察者即被观察者，因此，观察者的任何行为都只会创造另外一种意象——很自然地！如果没有认识到观察者即被观察者，观察者的任何行为都会创造其他一系列的意象，观察者就又陷入了其中。所以发生了什么？当观察者即被观察者的时候，观察者根本没有发挥作用。先生，慢慢地，慢慢地来，因为我们要探讨的是一个非常复杂的问题。我认为必须非常清楚地理解这个问题，否则我们就不能继续下去了。观察者总是说：“我必须对这些意象做些什么，我必须消除它们，我必须压制它们，我必须转化它们，我必须给它们一种不同的形状。”观察者对被观察者总是积极的。我观察到我不喜欢我的妻子——因为各种原因——观察者说：“我必须不喜欢她，我必须对此做些什么。”等等。观察者对于被观察的事物总是积极的。

提问者：您是说我们随时都在以好恶对所有的意象做出反应，同时强化这些印象，我们一直都在这么做吗？

克：对，这种观察者的好恶行为被称为积极行为。

提问者：是不是您所说的它总是积极的。

克：对，它就是所谓的积极行为。我喜欢，因此我必须保持，或者我不喜欢，因此我必须消除它。这是反应，无论是热情的还是随便的。但是当观察者认识到他行为的对象就是他自己的时候……

提问者：那位先生希望您能够更多地解释一下观察者和被观察者。您刚刚说这些意象不是事物本身。您不知道它们是什么，您只是不断地对这些意象做出反应。当我们弄清楚那一点之后，观察者与被观察者之间的冲突就停止了。

克：先生，简单来说，我看到了那件棕色的衬衫和围巾。如果我说“我不喜欢那件棕色的衬衫和围巾”或者“我喜欢那件棕色的衬衫和围巾”，我就已经创造了一个意象，这就是反应。

提问者：那种意象储存在过去，储存在记忆中。

克：对。现在，我们能不能不带好恶地来看那件棕色的衬衫和围巾，也就是不对它做出反应，只是观察？这样就存在意象了。你们明白了吗？你们理解这个非常简单的事情了吗？我的好恶是我的文化、我的训练、我的倾向、我的爱好的结果，好恶已经有了一种意象，就是“我不喜欢那件衬衫”或者“我喜欢那件衬衫”。所以，好恶以及过去的训练——文化、遗传倾向——都创造了这种意象。那就是我的中心观察者，也就是由不喜欢等等组成的观察者。那个观察者显然总是把自己同他所观察的事物区分开来，这种意识揭示了观察者即被观察者。

提问者：被观察者——您指的是不是思维建立起来的意象？

克：对。你说的很对。那么，当观察者本身即所观的意象时，他自己与意象之间就不存在冲突。观察者本身就是意象！他没有同意象区分开来。从前，他是会做出区分的，并对意象采取行动，对它做些什么，对它做出反应。但是当观察者认识到他就是意象时，也就不存在好恶了。先生——审视一下你自己吧。

提问者：观察者正在创造所有的其他意象。

克：我不想再重复了，先生。我们已经探讨得足够多了。你理解我们目前为止所说的，也就是在观察者与被观察者之间、在观察者为他所创造的意象和他对其他事物创造的意象之间，存在着分别、区别，因此，在他与意象之间，存在着喜欢与不喜欢的冲突和反应。观察者总是在对它做些什么，当观察者认识到他就是被观察者——意象的时候，冲突就会停止。也就是说，我认识到我就是恐怖本身——不，认识到存在恐惧和同那种恐惧区别开来的“我”——然后我就是那种恐惧，我无能为力。好好理解一下。因为，我就是那种恐惧的一部分。我同恐惧是一体的。因此，我能够不加任何逃避去面对那种恐惧。我就是那种恐惧，我就是我肚子和腿上的疼痛本身。我就是那种恐惧。因此我不反抗它也不接受或者逃避它——它就在那。所以所有的反应——对好恶的反应的结果——就结束了。你们明白吗？现在发生了什么？

提问者：既不存在观察者也不存在被观察者。

克：对。有一种意识正在变得越来越敏锐、敏感、强烈，我所说的“越来越”并不是时间概念上的。

提问者：不是浪费能量。

克：对。它正变得无比鲜活，它并没有拘泥于任何核心问题或者任何意象。它正越来越有强烈的意识。从那种强烈中生成了一种不同的关注。对吗？

提问者：那种强烈没有方向也没有目标？

克：看着它，不需要问我，你自己看。当这种意识中出现选择的时候，那么观察者就指定了方向。但是当理解了整个模式、理解了整个结构之后，冲突就结束了。因此，思维——因为思维就是这种意识——就变得极为敏感、高度聪明！因为敏感度同聪明程度是一起的，不存在没有敏感度的聪明，无论是身体上还是精神上。所以思维变得高度聪明和敏感，因为那种聪明不是由任何冲突构成的。

在这种意识中，因为意识已经把一切都揭示得很清楚，就没有选择了——只有在混乱的时候才会有选择——所以意识已经消除了任何形式的冲突。因此，出现了清楚，这种清楚就是关注。你无须赞同我的意见！因为这需要实际行动，而不是仅仅赞同！这种关注中不存在观察者或被观察者，这种关注就是睿智。在这种关注中，没有任何的冲突。这种关注有自己的主动性和自己的行动。当观察者行动时，他的行为通常是单独的。除非你真正这么做了，否则我们就无法继续下去。然后你就会发现那种作为聪明的关注就是美和爱——这是“分离的观察者”试图模仿的。这样思维就没有界限了。

打破镜子

提问者：相比于仅仅听您讲，我们从彼此身上能够学到更多东西。您为什么不鼓励我们就特定话题进行分组讨论和组织活动，以便对话和讨论？

克：你们在听克里希那穆提讲吗？或者你们是在听自己讲？克里希那穆提在说：倾听自己，看看你们受到了多大的条件限制——不，我没有告诉你们，因为你们是受条件限制的，但是通过倾听自己，你们肯定会比听他人说，包括听克里希那穆提说会学到更多。但是当你们听克里希那穆提讲的时候，他不是在教导你们。他是在你们面前放置了一面镜子，让你们看自己。当你们清楚地看见自己的时候，你们可以打破那面镜子，打倒举着那面镜子的人。

那么，我们看清自己了吗？

如果我们依靠关系或者依靠对话、结社、学校来教导我们，来帮助我们，使答案更清楚——关于我们是什么这个问题——那么我们就只会依靠。当我们依靠其他东西的时候，无论是学校、谈心小组、小群体还是什么，你们能学到什么？你们所说的学习指的是什么？这又是一个非常严肃的问题。学习，如我们所知，就是积累知识。我已经学习了自己——我是所有这些，我是所有的痛苦、不幸、混乱、生活的极度辛苦——我就是所有那些东西。我已经学到了这一点。也就是，有人已经告诉了我，或者我已经自己学会了。所以学习，就我们目前所知，就是积累有关自己的知识。克里希那穆提说知识是无序的真正根源。

别着急，让我们慢慢来。

知识在技术和在日常生活中是必需的，但是精神方面的知识是无序的真正根源，因为知识是过去。知识总是有限的，因为它是建立在经验、假设、结论的基础上的，是一种体系——不断增加这些东西，因此，知识是很有限的。那么我能不能摆脱我之前的知识或者结论来看待我自己？你们理解我的问题吗？我昨天一天或者昨天几个小时都在看我自己，我发现我是这样的、那样的其他一些什么东西，对此我感到压抑或者得意。所有的意象都在继续。之前的结论变成了昨天的知识。我又用那种知识来观察自己。我们总是这样做，所以知识在带来不断的精神机制上的重复。如果你们同科学家认真探讨这个问题，他们也开始发现知识是特定发现领域的阻碍。

所以你们在从克里希那穆提那里学习或者发现东西。你们储藏了过去的历史。那是事实，人类都同历史有关。如果你们知道如何读那本书，你们就不需要依靠任何人或者关系或者有组织的群体等诸如此类的东西。我不是说你们不应当讨论、你们不应当有关系、你们不应当有这或有那。我所说的只有一点，就是只要你们依靠他人来理解自己，你们就会迷失。你们曾经有过领袖，对吧？宗教领袖、政治领袖，各种领袖会告诉你们该做什么、如何抚养孩子、如何做爱。

你们在过去的一万年中有各种领袖。结果如何呢？请考虑一下这些问题。我们之所以是现在这样子，是因为我们依靠他人——有人告诉我们该做什么、想什么，也就是我们随时都在被安排着。要理解我们自己，可以通过关系、通过讨论，但是如果你们依靠这些，你们就会迷失。这个问题清楚吗？不是要你们必须同意言者的意见。但是看看依靠他人、依靠政府、依靠上师、依靠牧师——无论是教皇还是地方牧师，为这个混乱的世界带来秩序的后果吧。

所以真正的问题在于：一个人是所有人类的储藏室。一个人也是其他所有人，如果一个人能够带着极大的犹豫和感情认真地看待那个问题，那么你就开始读懂你自己了，就会成熟。但是如果你依靠，那么你就会生活在痛苦、焦虑和恐惧中。

提问者：但是即使我们没有独立的身份，我们也肯定会有一定形式的政府？

克：当然。一些建立在单个政府基础上的政府形式。

提问者：谁会成为政治家？

克：噢，你看我们现在就想组建政府了！首先，先生，从我们自己开始，而不是要什么样的政府，谁会担任首相和财政部长。首先，我们从自己开始。如果我们在这个帐篷里的所有人真的能从他们的内心、他们的血液中感受到这一点，我们这个世界上就会有不同的政府，我们就会结束战争。

看，我们只是指出了一件事情——我们的大脑是受条件限制的。所有受条件限制的东西都是有限的。所有受条件限制的东西都是被区分开来的，这种区分，这种条件限制对这个世界造成严重的破坏，这是事实。要阻止这种破坏，必须首先从自身开始，而不是从如何组织一个新政府开始。我是受条件限制的吗？我从早到晚不停地在想着自己吗？在冥想中，在练习中，在做各种事情的过程中。我不会比其他任何人更重要。我想满足自己所有的欲望。我想成为某个人，得到承认，所以我脑子里全是自己。科学家脑子里可能全是自己的实验，但同时也全是他自己。他也是雄心勃勃的，想得到一个好的位置，想得到世界的承认，想获得诺贝尔奖。我认识一些科学家，他们中间有人不想得诺贝尔奖，有人想得——你需要弄清楚不想得奖的那个人，他是多么心烦、痛苦和生气，就像你我以及其他任何人一样。

所以，先生们女士们，如果你们真的想生活在这个和平的地球上，你们需要从最近的地方开始改变，也就是你们自己。

提问者： 您谈到了暴力和自由。但是对于法律您说得很少。为什么？没有法律就不会有文明社会。法律有时候必须得到武力的支持，武力也就意味着暴力。当恐怖分子劫持人质的时候您怎么办？您让他们杀死人质，或者炸掉大楼？为什么自由会变成这个样子呢？

克： 什么是法律？法律的基本含义不就是秩序？一个社会建立了特定的法律，目的是建立秩序。但是这些法律遭到了狡猾的人们和雇了好律师的罪犯们的破坏。那么法律、秩序从何开始呢？是从有警司和情报人员的法庭上开始吗？秩序从何开始？请问。社会是无序的，这是事实，腐败、不道德、近乎混乱。政府在试图给所有这些带来秩序。我们、你们和其他人都生活在无序之中——迷惑、不确定、追寻我们自己的安全感，不仅仅是自身的安全还有家庭等的安全。每个人都在通过孤立和无序进行创造。法律在哪？在警察身上？在律师身上？我见过几个律师，他们将为一个杀人犯进行辩护，一个给他们付了很多钱的罪犯，那就是他们的工作。

所有这些事情中的秩序和法律在什么地方？所以我们难道不应该首先直面无序吗？我们生活在无序之中，社会是无序的，政府是无序的，这是事实。如果你们同政治家、首相、政府高层官员谈过话，他们每个人都在追求权力和地位，都坚持、认同着一些观念、意识形态等。我们每个人都在为他们工作。在像战争这样的重大危机中我们会团结一致，但是当危机结束的时候，我们就又回到了旧的模式中。

所以我只是提出建议。如果法律意味着完全的秩序，那么你们为什么不去想想你们能不能生活在一个完全秩序没有混乱的状态中？问问你自己这个问题，这样一来就不会有矛盾，就不会说一样，做另外一样，想一件事，做另外一件事。只要我们生活在无序之中，社会和政府就也会是无序的。

第二章

词语与意思

正如编者序中介绍的那样，克里希那穆提强调他需要“旧词新用”以传达他想表达的意思。本章列出的词语既不是确定的也不是权威性的，列出它们只是为了例证克里希那穆提对词语的使用与这些词语在字典上的解释是多么的不同。克里希那穆提曾多次表示，人们需要摆脱语言条件限制作用的影响。

词语

很不幸，我们都是词语的奴隶，我们正在努力达到超出词语本身的一些东西。把这些词语连根拔起，打得粉碎，随意赋予它们一种特别的感觉和活力。

这不是一个可以轻易忽略的问题，因为词语——符号、概念——对思维有着极大的控制力。我们正在讨论在思维中产生一种突变，为了达到这个目的，必须先中断词语……那么如果把词语抛开，你还剩下什么？词语代表了过去，不是吗？大量的图片、意象、经历都是建立在词语、概念、记忆的基础上的……以“上帝”这个词为例。“上帝”这个词其实不是“上帝”，只有当这个词、这个符号不带有强烈的感情、不带有深刻的含义，只有当不存在信仰和观念时，人们才能获得那种强烈的感情和深刻的含义。

你们看，我们用“痛苦的”的这个词，这个词可以阻止我们进入痛苦的这种问题。你们知道，瑞士人会对瑞士这个词感到激动，正如基督徒会对基督这个词激动和英国人会为英国这个词激动一样。我们都是词语、符号、挂念的奴隶。

要理解每种经历、每种思维状态、“是什么”、真相、现状，人就一定不能做词语的奴隶。词语会勾起各种回忆，这些回忆会介入事实，控制和塑造事实与“是什么”，并对其进行操纵。

每个词、每种思想都会塑造思维，如果没有理解每一种思想，思维就会变成词语的奴隶，开始悲伤。

为了冥想，必须结束每种意象、词语和符号……但是词语的习惯、词语的感情上的满足、词语的隐藏含义使你不能自由于词语。没有这种自由，你们就成为词语、结论、观念的奴隶。

一个人能不能脱离词语的干扰进行倾听？你对我说“我爱你”，但是会发生什么？这些话根本没有任何意义，但是可能会有一种对这些词语的反应所没有带来的关系感，可能会有一种直接交流。所以当思维意识到词语不是事情本身，意识到词语是种思想的时候，思维就介入其中，不带成见地自由倾听——正如你说“我爱你”的时候思维所做的那样。

词语是交流的手段，但是如果特定词语对我们造成了精神或神经上的反应，那么就变得很难交流。

当你把自己称为一个嫉妒的人，比如，一旦你不再继续探究，你就停止再对嫉妒这个问题进行深入的研究。同样的，有很多人说他们所作的一切都是为了兄弟情义，但实际上他们所做的一切都违背了兄弟情义，他们没有看清这个事实，因为“兄弟情义”这个词对他们来说意味着一些东西，而他们已经被这个说服了，他们不再进行任何研究，所以虽然这个词激起了精神或者感情上的反应，但是他们从来发现不了事实。

要了解或者经历不朽，或者为了经历那种状态，就一定不能有心理作用。一个人不能想象不朽……不朽涵盖了太多东西。思维必须绝对平静，没有前后运动，不能深究也不能飘忽。也就是说，必须停止心理作用。那是很难的。那也就是我们为什么抓住“心灵”“不朽”“连续”“上帝”这样的词语不放——它们都有神经上的作用，也就是感情。思维以这些感情为生，一旦思维失去了这些感情，它就会觉得失落。所以思维拼命地想抓住过去的经验，那些经验现在已经变成了感情。

思维能不能平静到——不是部分的，而是整体的——能够直接体验无法想象的、无法用言语表达出来的东西?

“上帝”这个词激起了各种神经和精神上的反应，让我们感到满足。

以“爱”这个词为例。这个词对于我们会产生多么特别的神经上的印象啊!

词语对我们大多数人而言有着极为重要的作用。“上帝”“共产主义者”“黑人”这些词都有着巨大的、感情上的和神经上的内涵。同样,“嫉妒”这个词也很重要。那么，当撇开这个词不管的时候，还会有感情留下来，那时就是事实，而不是词语。要想不用词语去看待感情，需要摆脱所有的谴责和辩护。

有时候，当你嫉妒、生气或者当你享受某件事情的时候，看看你是否能够把词语与感情区分开来，看看词语是首要的还是感情是首要的。然后你就会发现，当不用词语去看待事实的时候，就会出现一种不是智力过程的行为，事实本身在运转，因此就不存在矛盾和冲突。

意义

条件限制

提问者：关于条件限制您谈了很多，您说人必须摆脱这种藩篱，否则就总会受到束缚。这种表述似乎太让人感觉震惊和不可接受了！我们大多数人都深受条件的限制，我们听到这种表述，会举起双手，逃避这种过分的表述。但是我是认真对待您的——因为，毕竟，您或多或少已经把自己的生命投入这种事情上，不是当作一种爱好，而是深深的信念。因此，我想同您讨论一下人类能够在多大程度上摆脱条件的限制。真的可能摆脱吗？如果能，那意味着什么？作为生活着在这个充满了习惯、传统，以及在很多事情上接受正统思想的人，我有可能真的摆脱这种根深蒂固的条件限制吗？您所说的条件限制到底指的是什么？您所说的摆脱条件限制指的又是什么？

克：我们首先来回答这个问题。我们无论在身体上、精神上还是思想上都受到我们居住的气候、我们所吃的食物、所住地的文化以及我们的整个社会、宗教和经济环境、我们的经验、受到的教育、家庭压力和影响的限制，所有这些都是限制我们的因素。我们的意识和潜意识对我们所有的环境变化做出反应——智力上、感情上、外在和内在——所有这些都是条件限制的活动。语言是条件限制，所有的思想都是条件限制的活动和反应。

知道了我们是受到条件限制之后，我们发明了一种绝妙的机构，虔诚地希望这能够使我们挣脱这种机械的状态。我们要么假定它在我们内在和外在存在——比如自我、灵魂、天国，这些是内在的，谁知道还有什么呢！我们拼命地抓住这些信仰，不知道这些信仰本身其实就是他们应该消灭或拯救的限制因素的一部分。由于无法摆脱这个世界的条件限制，“无法摆脱”是指看不清那种条件限制就是问题本身，故我们认为自由是在天堂里、在轮回解脱中、在极乐世界里。在基督教原罪的神话中以及整个东方的轮回学说里，人们认为条件限制的因素已经被感受到了，虽然是非常晦涩地。如果能够清楚地认清这些因素，这些学说和神话自然就不会出现了。如今，心理学家们也在试图弄清这个问题，这样做只会更加让我们受到限制。因此宗教学家们限制了我们、社会秩序限制了我们、作为社会秩序一部分的家庭也限制了我们。所有这些都是过去，是构成了思维的公开部分和隐藏部分的过去。同时，我们有趣地注意到，所谓的个体根本不存在，因为个体的思维是建立在他同每个人分享的条件限制共同储藏的基础上的，所以共同体同个体的区别是错误的：二者之间只有条件限制。这种条件限制在所有关系——与事物、与人、与观念的关系中都发挥作用。

提问者：那么，如果我想摆脱条件限制，我应当怎么做？生活在这种机械的状态中根本就不叫生活，所有的行为、所有的意志、所有的判断都是受到条件限制的——所以显然，对于不受限制的条件限制，我是无能为力的！我被束缚了手脚。

克：对于过去、现在和未来的条件限制，根本的因素是以时间进行思考的“我”，那个竭尽全力的“我”，而现在这个“我”在自由的要求下对自己发挥作用，所以所有条件限制的根源在于思想，即“我”。“我”是过去的本质，“我”是时间，“我”是悲伤——“我”努力让自己摆脱自己，“我”努力、尽力来实现、来拒绝、来成为。这种对于成为什么的努力就是时间，在时间里存在困惑和对更多更好的贪婪。“我”寻求安全，但是没有找到，于是把这种寻找诉诸上天，条件限制的因素正是那个把自己认同于某种它希望失去自我的超凡的事物中的“我”——无论这种超凡事物是国家、理想还是神。

提问者：您带走了我所有的东西。这个“我”现在还剩下些什么？

克：如果没有“我”，你就是不受条件限制的，也就是说你什么都不是。

提问者：“我”能够在“我”不努力的情况下终结吗？

克：成为什么的努力是对条件限制的反应和行动。

提问者：如何停止“我”的行动？

克：只有你看清整件事情、整个问题之后才能够停止。如果你认识到“我”在行动，也就是处于某种关系中，那么这种认识就是“我”的终结。这种认识不仅仅是不受条件限制的行动，还是根据条件限制进行的行动。

提问者：您是说大脑——作为无限的条件限制进化的结果——能够使自己自由？

克：大脑是时间的结果，大脑受到从身体上保护自己的限制，但是当大脑试图从精神上保护自己的时候，“我”就开始了，我们所有的“不行”也就开始了。正是这种从精神上保护自己的努力肯定了“我”。大脑能够学习，能够有技巧地获得知识，但是当大脑从心理上获得知识时，那种知识会把大脑置身于“我”与其经验、意志和暴力一样的关系之中。那就是给这种关系带来区别、冲突和悲伤的东西。

提问者：大脑能不能保持平静，而只是在需要进行科技工作时才运转？只是当行动需要知识时，比如学习一门语言、开车或者盖房子的时候才运转？

克：此中的危险就在于把大脑划分为精神的和科技的。这又一次成为一种矛盾、一种条件限制、一种理论。真正的问题在于大脑整体是否能够保持平静、安静，并且只有当其在科技或生活中需要的时候才会做出足够的反应。所以我们关注的不是精神的或者科技的，我们只是问，这整个大脑能保持完全平静并且在需要的时候才会发挥作用吗？我们说它能，这就是对冥想的理解。

提问者：如果可以，我希望继续我们昨天遗留的问题。您可能还记得，我问了两个问题：我问什么是条件限制，什么才是摆脱了条件限制，你说让我们先谈第一个问题。我们当时没有时间来探讨第二个问题了，所以我想今天再问一次，摆脱了所有条件限制的大脑是一种什么样的状态？昨天与您谈过之后，我很清楚自己受到了多么深刻和强烈的条件限制，但我看到了——至少我认为自己看到了——这个条件限制的结构中的一个空隙和裂缝。我同一个朋友谈了这个问题，在谈到条件限制的一些实例的时候，我清楚地认识到一个人的行为受到了条件限制多么深重的影响。正如您在结束时说的那样，冥想就是清空思维中的所有条件限制，使得思维中不存在扭曲或者错觉。一个人如何挣脱所有的扭曲和错觉？什么是错觉？

克：要欺骗一个人，要让一个人相信某件事情太容易了，一个人有必须怎么样的感觉的时候，就是产生欺骗的开始，当然，这种理想主义的态度也会导致各种形式的虚伪。什么导致了错觉？其中一个因素在于是什么与应当是什么或者可能是什么之间的持续比较，存在这种好坏之间的比较，思想就会试图改善自己，有了快乐的记忆就会试图获得更多的快乐，等等。正是这种对更多的期望，这种不满足，使得一个人接受或者相信某件事情，这就不可避免地导致各种形式的欺骗和错觉，这也就是对恐惧、希望和绝望的期待设定了要经历的目标和结局。因此，这种经历没有真实性。所有所谓的宗教体验都遵循这种模式。对觉悟的期待一定也会导致对权威的接受，但权威又是与觉悟是对立的。期待、不满足、恐惧、欢乐、想要更多、想要改变，所有这些都是比较——这就是错觉产生的途径。

提问者：您真的对任何事情都没有错觉吗？

克：我根本没有时间来对比我自己或者其他人。当你真正忍受是什么的时候——既不希望改变，也不以好坏进行评价，这就能够免于比较。忍受某些事情并不是接受它，无论你是否接受它都要能够忍受它。忍受某些事情也不是让你承认它。

提问者：我们能回到“一个人真正想要的自由是什么”这个问题吗？每个人都会表达对自由的渴望，有时候是以最愚蠢的方式。但是我认为人在内心深处总有对没有实现的自由的期待，正是这种期待在促使人努力争取自由。我知道我不是自由的，我纠结于如此多的希望中。我如何才能自由，真正的自由意味着什么？

克：或许这样子可以帮助我们来理解它：完全否定就是真正的自由。否定一件我们认为是肯定的事情，否定全部的社会道德，否定一个人对于现实所说所总结的一切，否定所有的传统、所有的教义、除了科技知识外的所有知识，否定所有的经验，否定所有源自被记住或者被忘记的快乐的驱使，否定所有的满足感，否定所有以特定方式行为的承诺，否定所想法、所有原则、所有理论。这种否定是最为肯定的行为，因此，它就是自由。

提问者：如果我一点点地去否定，我就能不断前进，否定本身就会成为我的束缚。它能在刹那间消失不见吗，我能够迅速否定所有的人类欺骗、所有的价值观、渴望和标准吗？真的可能吗？要变得像您所说的那样聪明，需要的恰是我缺乏的巨大能力吗，那种能够瞬间看清一切并将之暴露在阳光之下的巨大能力吗？先生，我怀疑您是否知道这其中需要的是什么。要求我这样一个受过普通教育的普通人投入某种似乎不可思议的虚无状态之中……我能做到吗？我甚至不知道投入其中意味着什么！这就像让我突然之间变成最漂亮、最天真、最惹人喜爱的人一样。您看我现在真的非常害怕，不是像以前那样的害怕，我现在面临的是我知道是对的东西，但是我完全做不到去否定一切，虽然这束缚了我。虽然我知道变得彻底虚无这件事情的美妙，但是……

克：你知道，只有当一个人内心空虚的时候，不是那种浅薄的空虚，而是那种来自对一个人成为什么和应当成为什么、将会成为什么的彻底否定的空虚——只有在这种空虚的状态下才存在创造，只有在这种空虚的状态下才发生一些事情。恐惧是关于无知的思想，所以你恐惧离开那些让你感觉舒服的已知、迷恋、满足、欢乐的记忆、连续感和安全感。

这时思维就在把这种空虚与它所认为的空虚进行对比。这种对空虚的想象就是恐惧，所以恐惧就是思想。回到你的问题——思想能不能否定它所知道的一切、它自己的意识和潜意识的所有内容，也就是你的本质所在？你能完全否定自己吗？如果不能，就不会有自由。自由并不是仅仅摆脱反映的一切，自由来自彻底的否定。

提问者：但是拥有这种自由有什么好处？您是在要求我死去，对吗？

克：当然！我不知道当你在说这种自由的好处时“好处”一词指的是什么？好是以什么为标准的？已知吗？自由是绝对的好，自由的行动就是每日生活的美妙所在。只有在这种自由中才有生活，没有自由如何能有爱？在这种自由中任何事情都可以存在并且有其意义。它无处不在，又到处都无。它没有边界。你能不能现在就忘记自己知道的一切，不要等到明天？这种自由就是永恒、狂喜和爱。

知识

知识是经验的残留，是关于种族、社会和科学的认知的积累。知识是人类所有科学和个人经验的积累。

心理知识，是个人想要的、经历过的或相信的知识，是个人的看法，是个人经验在心理的残留，是储藏在人类大脑中的。这些从经验中产生的思想总是有限的，而任何源自那种思想的行为也不可避免的是有限的。因此，心理知识不是和谐的，而是矛盾的、分裂的、冲突的等。

这就是我们所说的心理知识。例如，我在心理上形成了许多关于我的妻子或者女朋友的信息，这是我根据我的感觉、我的报复、贪婪、嫉妒等，根据我以自我为中心的行为，从而对她建立起了这种正确或者错误的知识。所以这种知识阻止了对一个人的实际观察，这里的人是一个活物。我从来不想遇见那个活物，因为我害怕。对那个人有一种意象比看到那个活物更让人觉得安全。

我们知道自己害怕、孤独、有很多悲伤，我们知道自己沮丧、焦虑、不确定、不高兴，我们一直尝试着去实现、去成为、去得到一些东西——所有那一切都是心理知识的活动。我们的问题是，这种总是战胜、扭曲科技知识的心理知识会不会终结。

我们承担了知识、伤害、侮辱、各种感情、心理反应、各种形式的经验的重担。我们的大脑负担了所有那些东西，也要负担学术知识，并且负担着装满了已知与未知的心理世界。只要思想还在那个领域运转，我们能够有自由吗？只有当大脑完全摆脱这些积累起来的心理知识的时候，才会存在思维。

迷恋

什么是迷恋？为什么我们会迷恋某些事物——财产、金钱、妻子、丈夫、一些愚蠢的结论、一些意识形态上的观念？为什么我们如此迷恋？让我们一起来研究这个问题。以及迷恋的后果。

如果我迷恋你，如果言者像一名听众那样迷恋你，想一下他的大脑会是什么状态。他会害怕自己可能一名听众都没有。他会变得紧张，几乎像中风一样。他迷恋于通过人来获得声誉。所以如果你仔细观察的话，无论迷恋的对象是妻子、丈夫、男孩或女孩、一种想法、一幅照片、一种记忆、一种经历，迷恋的后果是它带来了对失去的恐惧及因这种恐惧产生的嫉妒。我们是多么嫉妒，嫉妒那些有权力的人——你们明白吗？所有的嫉妒，都带来了仇恨。是的，嫉妒就是仇恨。当你迷恋的时候，总会随之出现怀疑、秘密。你们从来没有注意到过吗？这在这个世界太平常了。如果你迷恋于某些事物或某些想法、某些人，你能够结束这种迷恋吗？结束就是死亡。那意味着，你能够整天忍受死亡吗？啊，想一想吧，思考一下，你们会发现它的伟大和无限之处。那不是自杀，我们讨论的不是那种愚蠢的行径，而是忍受死亡，结束所有的迷恋感，所有的恐惧感。那意味着拥有一个行动的大脑，但是从来没有方向、目标，以及诸如此类的东西。行动，就是每一秒都忍受死亡，但从不集中、不收集、不让任何有关死亡的事情继续。先生们，你们不知道，如果你们这么做，你们就会发现它到底是什么意思。那是真正的自由！从那种自由中会产生爱，爱并不是迷恋，也不是欢乐、期待、满足。

我迷恋你，你长得漂亮，你给予我快乐、性或陪伴，或者无论什么东西，我都十分迷恋你。但那种迷恋是过去……若我因为那种快乐迷恋你，那迷恋就是一种记忆。因为当你下次不在那里的时候，我会说：“噢，我希望你在这里。”所以，迷恋是一种记忆……当下不会有迷恋。

快乐

什么是快乐？快乐如何产生？你看见一次日落，看见它给了你极大的愉悦。你经历了日落，那种经历给你留下了快乐的记忆，明天你会希望重复那种快乐。当你能够观察，当思想想起快乐并给予快乐活力和延续性的时候，这种重复就会出现。这同性一样，同其他形式的身体和精神快乐一样。思想创造了快乐的意象，于是不断地想象这种意象。

下一个问题是：一个人如何才能不想快乐？喜悦不是快乐。你无法想象喜悦，或者你可以想象喜悦并把它降为快乐，但是那种叫作喜悦、狂喜的东西并不是思想的产物。你们难道没有注意到，当突然出现巨大的喜悦感时，你无法在第二天再想象这种喜悦感，当你想到的时候，它就已经变成了快乐？一个事件，无论是痛苦的还是快乐的，能不能结束之后在大脑中什么印象也没有留下？大脑中的印象就是记忆，然后当记忆做出反应的时候，它的反应就是思想。过去出现了美丽日落的事件，当你看日落的时候，感到了极大的愉悦。你观察日落，它的颜色、水上的光亮、云中各种光的形状。观察日落的时候你能不能不用词语去形容？当你使用词语的时候，那个词语就是联想，而这些联想就是记忆的一部分。当你说日落多么漂亮的时候，你就已经偏离了对日落的观看和观察。所以，观察日落的时候你能不能不使用词语？也就是说，以完全的注意力去完全地观看日落，不要把它同你在加利福尼亚或世界上其他地方看到的日落进行比较，或者跟你的朋友们说日落多么美丽，只是观看，不要说话。那意味着：以完全的注意力去观看。

这样你就会发现，如果你这么看，那种感觉就会阻止形成关于日落的记忆。那并不意味着你在日落中没有获得任何喜悦和快乐。

快乐不仅是瞬间的快乐、瞬间的愿望，还是对能够去继续曾经拥有的那种精神快乐的要求。那其中包括了思考。那其中有赞赏的过程、词语、要求继续……会有一种吃水果的瞬间快乐，下一秒我会想再吃一个。这种对“更多”的任何东西的要求并不是即时出现的。

想象昨天的那种经历是一种快乐，无论那种经历是凝视漂亮的树、天空和山，还是你的性经历。

快乐是在现实过后的一种思想活动，这种快乐同令人愉快的现实是截然不同的。你享受了。如果你喜欢食物，你享受食物，思想就会插进来说我明天必须也吃同样的食物，那么习惯就开始了。反之，如果你喜欢食物，品尝了食物，享受了食物，到此就结束了。你们明白吗？就是说没有说我明天或今晚必须吃同一种食物。所以以同样的方式去观察你的妻子、你的丈夫、一切事物，不要把它牢记在心，并由此让它继续，那样就是给予大脑极大的自由，你已经在应当有序的地方建立了秩序，你清除了关系中的所有无序，因为那样你和她之间就没有了任何意象。

意象

言者所说的意象指的是一种符号、一种概念、一种结论、一种理想。

以下都是意象——我应该是那种样子——我不是这样，但是我希望变成那样。那是思维及时为未来设计出来的意象。所以那是不真实的。真实的是现在在你思维里实际发生的事情。我们能从这点开始说吗？

我们在问，为什么思维会创造一种意象。是因为这种意象会带来安全感吗？如果我有一个妻子，我创造了一个关于她的意象——“妻子”这个词就是一个意象。我创造那个意象的原因是，尽管妻子是一个活生生的、变化的、充满活力的实体，但是要理解她需要更多的关注、更多的能量，如果我有一个关于她的意象，就更容易忍受这种意象。

首先，你对自己难道没有一个意象吗，你是一个伟人或者不是伟人，你是这或那？当你拥有这些意象的时候，你就生活在错觉而不是现实中……为什么思维，你的思维，会创造意象？难道是因为意象能够带来安全感，而无论意象是多么的错误？意象是思想的设计……思想是大脑中以知识的形式储存起来的记忆的反应。知识来自经验……你拥有经验，你把那种经验当作知识记住，那种记起来的知识决定了思想——但是知识总是有限的，不存在能面对任何事情的全面的知识。所以思想总是有限的。

而这世上没有人是无所不知的，因此思维总是受到局限。

我们必须清空思想的内容——即脑中不再出现任何意象，不再费心观察。所谓意象指的是那些过去或现在的经历，抑或是对未来所做的规划。没有任何意象，即没有任何公式、想法以及规则，因为它们必然会在脑海中引出意象。但真的可以不再形成任何意象了吗？你伤害了我，或者帮助了我，这都会使我对你产生一种印象。在你伤害了我或者帮助了我的同时，我还有可能对你没有任何印象吗？比如，我尽可能在你侮辱我时保持警惕，这样就不会对你的侮辱行为留下任何意象了吗？

倘若我们互相没有印象，就只有一种可能，即无论你说什么都不会产生任何影响——这并不意味着我被孤立了，或者毫无感情，而是那些诸如考虑进行伤害、侮辱等行为的思想活动已然停止。这意味着，当受到侮辱的时候，为了保持百分之百的警惕，你需要全神贯注。

从心理学上讲，只要内心不留下任何意象，你就能无坚不摧。

单纯地注视着一棵树的意思是不掺杂任何概念地看它。以此类推，你也可以单纯地研究“暴力”这个词语，而不去考虑词语本身所牵涉的含义。

我们中的大多数人同他人之间的联系是很机械化的。即由思想活动产生有关别人或者自己本身的印象这一过程是非常机械化的。

在我们的定义里，当脑海中和心中所有产生形象的机制统统终止，无论是同自我还是同他人之间存在完全的和谐时，这种联系才是正确的。

对自身毫无意象并不意味着迷失自己，丧失安全感，变化无常。与此相反，唯有当你对自己产生意象、留下评价时，才会催生那些不确定的东西。

尊敬他人是为了尊重自己。而对自己限定的意象，标志，只是自身的一个投影。

意象是过去经历的投影，正是过去的经历使你产生了对自己的意象，我们往往按照这一意象行事，最终却只是限定了我们的未来。

因此欲望，不仅仅来自外在的实物，也来自内心存在的某一意象的缩影。

一旦生成对自己或者是他人的意象，就将无法享受人与人之间那种纯粹关系之美。

思考

思考是什么呢？没有记忆，你可以思考吗？答案是不可以。那么什么是记忆？接着考虑，认真地考虑这个问题吧。什么是记性？是一系列的想法，一长串的回忆吗？那么记忆又是什么呢？我记得我住过的房子，我记得我的童年。那么记忆到底是什么呢？是过去吗？过去就是我们的记忆。你不知道明天即将发生什么，但是你可以规划未来什么可能发生，什么不可能发生，即做出即时记忆的反应。

那么什么是记忆呢？记忆是怎么产生的？其实非常简单。记忆不能脱离知识独立存在，如果我昨天发生一起交通事故，这一事故就会被记忆下来。在回忆之前，先得发生事故。关于这一事故的经历会变成个人的知识，从这一知识中生成记忆。如果我没有发生事故，就不会有关于这一事故的记忆。当然，你也可以想象其他人发生的事故。

因此知识源于经验。但是个人的经验总是有限的。我可以经历得更多，更丰富，不仅仅局限于自然或者是性方面，还包括那些神祇和宗教等精神方面。因此经验、知识、记忆、思维相互交织，而人类的经验总是有限的。我不能经历浩瀚宇宙的所有秩序，但是我可以想象。

经验受到了限制，因此无论是在未来，还是现在，知识也是受到限制的。知识是一点点积累起来，汇聚在一起的，而科学知识正是基于此。从伽利略时代之前直到现在，人类的知识在一点一点地增加。因此不论在现在还是在未来，人类的知识总是有限的。记忆是有限的，思维也是有限的，这就是困难所在。思维是有限的，人类的思维创造了神祇、救世主、宗教仪式、列宁、马克思还有斯大林。因此无论你思考了什么，你的思维是否高尚，是否牵涉宗教，是否善良，是否道德，都是有局限的。你们同意我的观点吗？

伤害

什么是伤害？对此我们不要仅从字面上理解，还要反思自身，从自身出发。当你还是孩子的时候，你的父母、你的朋友伤害了你；然后学校告诉你，“你必须要像你的哥哥、你的叔叔、你的校长，或者其他什么人一样聪明”，这也同样伤害了你；上了大学，你必须通过考试，一旦挂科，你又会受伤；毕业后没找到工作，你还是会受伤。世界上所有的东西都堆在一起来伤害你。我们腐朽的教育伤害了你，因此你伤痕累累。但你真正意识到你受到伤害了吗？看看受到伤害的结果吧！这会让你想要伤害他人吗？从这一结果中又生成了愤怒、抵触，你开始退缩，变得内心越来越孤僻。而内心越孤僻，你就越会退缩，反而会越受伤害。于是你在自己周围筑起一道高墙，装模作样，却从未走出过这道围墙。上述行为就是受到伤害的所有征兆。

当受到了伤害时，如果你不仅能从意识层面，而且从心底真正深刻地意识到了这一点，你会怎么做？这伤害是怎么产生的？就是因为你对自己树立了一个既定的形象。如果我认定自己是坐在讲台上和观众交谈那种形象——谢天谢地我并不是——并且如果观众不认同我，或压根不屑参与，我自身的形象就受到了伤害。事实是，只要我给自己塑造了一个既定的意象，这一意象就会受到伤害。这一点很明确，对吧？那么能不能不带着任何既定的形象生活下去呢？这意味着没有任何结论，也不带任何偏见——因为结论和偏见都同意象有关。一旦你说了某些同我自身意象相反的话，你就伤害了我。一旦你说了一些具有攻击性、伤害性的话，我会意识到，然后全神贯注于你所说的话上，那么我就不会受到伤害。只有在不能专注的时候，受伤害或者被恭维的感觉才会发生。当有人骂你是笨蛋的时候，你是全神贯注的吗？如果是的话，就不会受到伤害。在那种专注之下，过去受到的伤害就会烟消云散了。注意力就像一团火焰，烧掉了过去和现在所受的伤。你拥有这种专注力吗？

专注

提问者：您说过当一个人对一个问题投注全部专注的时候，困惑的花朵就会很快枯萎。您可以再深入谈谈这个问题吗？

克：这里存在一个关于矛盾的问题。你可以认真听我讲讲这一矛盾吗？请花几分钟听我解释。你有一个问题，这个问题是矛盾的。你能关注着这个问题，而不仅仅是倾听这个问题，倾听提出问题时的语调、问题的内容，以及问题的副标题吗？你能仅仅关注这个问题而不试着去解决它，或者对它进行指导，甚至不采取任何行动吗？一旦你采取行动，就将带来一个解决问题的方向，而你也因此扭曲了这个问题。所以你能非常敏锐地意识到矛盾和冲突了吗？不要对此采取行动，因为你就是矛盾的一部分。人们是矛盾的。倘若采取行动，你将创造更多的矛盾。所以请关注矛盾本身——无论是这个小小的问题还是整个人类的矛盾，都请关注它。静静地倾听，不要做故事的讲述者，而是由矛盾来告诉你接下来会发生什么。它会像个你喜欢的孩子一样坐在你的腿上给你讲故事，不要打断它，不要粗鲁地对待它，让它把这故事完完整整地讲给你听。

以同样的方式，让这一矛盾告诉你接下来的故事，但你必须要拥有聆听故事的双耳，不仅仅是用耳朵听进去，更要用内心倾听它的本质。你可以不费劲、全神贯注地认真聆听吗？当你和一个给你讲故事的孩子在一起时，你不会努力告诉自己：“我要控制好自己，我必须更有耐心。”正因为你爱那个孩子，你才会认真聆听。那么也用同样方式倾听吧，然后你就会发现这个问题开花，生长，然后显示出它的全部内容。全部展示出来后，这朵花就会凋谢，问题就得到了解决。你明白了吗？这就是一个问题盛开和凋谢的全过程，而这过程与时间无关。只有没有耐心的人才会浪费时间，也只有这些人才会说“我必须解决这个问题”。但当你聆听这个问题时，当你全神贯注于这个问题时，就能变得非常认真和敏锐，并随着一切细小的运动做出调整。如果你心怀目的，你有解决问题的方向，如果你说“我必须这样做”，那么什么事都不会发生。相反如果你全神贯注于这个问题，这个问题就会自动展示它的全部，然后再慢慢消失。像朵花儿一样，早上还含苞待放，夜幕降临时却已枯萎。

柔弱

当理智不能再通过解释、逃避、逻辑推理保护你的时候，你的柔弱就会完全展开出来，就仿佛在激情之中将自己赤裸裸地展现出来那样。

与别人进行交谈的时候，我们会比较柔弱——也就是说，在交谈时，我们不会心怀戒备，不会试图抵抗，而是希望将自己完全展示出来，不仅展示给问题本身，还包括牵涉进这个问题的人事物，并全神贯注于这次交谈之中。

你看到开诚布公和柔弱的必要性了吗？倘若你确实还未注意到这一点，那么接下来你就又会悄悄地将自己束之高阁了。

敏感的实质就是要变得柔弱，而内心的柔弱则意味着没有任何抵抗，没有任何既定的形象，或者法则。

感知能力

感知能力是什么意思呢？如果我身受职位、家庭或者财产所困，那么我还拥有感知能力吗？在我们看来，只有当你对你的日常生活不再下任何结论的时候，你才拥有完整的感知能力……如果我心怀恐惧，我的感觉会变得片面……但在做调查，搞研究，面对恐惧，深刻理解问题以及深入钻研的时候，我是拥有这种感知能力的。只有当观察者和被观察者之间密不可分时感知才会产生。

一切感觉印象，一切有意无意留下来的印象，各种各样的形象，结论以及偏见，这些都蕴含在感知能力之中。我遇到你时，就会打起精神，脑海中就会产生形象，这就是所谓产生感知的过程。所谓秩序则是依照事物的本身对它们所做的理解——不是对你下结论，而是理解你的本质。感知即按照事物的本质揣测它们，也就是说，这种感知是无序的。

展开纯粹的感知时，就会产生一种完全不同的能量，一种同思考和时间无关的能量。

有没有一种对暴力的理解能永远地终止暴力？理解感知是一种行为，看见蛇时，人们会立刻行动起来，而不会站在那里说“嗯，我下个星期再动起来”，因为身处危险，所以身体迅速产生了反应。

重要的是要不带任何评判地审视自己的头脑——观察它，注视着它，并突然意识到自己的头脑不过是一个奴隶而已。因为这种感知会释放出能量，也正是这种能量才能使头脑不再遭受奴役……我们仅仅用感知关注头脑究竟是什么，也正是对“究竟是什么”的理解才释放了创造力的火花……渴望找出答案，对答案的坚持往往会带来深刻的理解。正在感知的头脑是活生生的，高速运转的，充满着能量，也只有这样的头脑才能理解何为真理。

如果思绪继续下去，那么头脑永远不能得到安宁。只有当脑中完全安静下来才有可能产生感知。看看这一过程中的逻辑吧——如果我脑中喋喋不休，计较攀比，评判审理，说着“这样做是对的，而那样做是错的”，那么我肯定没在听你说话。

感知需要全部的注意力——那些处在最好状态的神经，双耳，大脑，以及心脏。正是我们自己造成了分裂，唯有忘记自我才能开始理解。何为美？那正在运转工作中的理解感知即为美。

当思绪不会为之沾染色彩，当思维运动不会为之带来干扰时，作为一种能够直接洞穿问题的能力——感知能力就会存在。感知源自我们的脑海中吗？是的，当且仅当我们的大脑处在安静的状态中。

洞察力

什么是洞察力？洞察力是能立刻正确、逻辑、清醒、理智地理解事物的能力。也就是说，洞察必须是迅速的。例如，我们可以试着洞察年少时期受的伤。这种伤痛是你自己创造出来的一种既定的形象。那么现在试着不做任何分析而洞察这种伤痛，快速地、从每一个角度观察它，这当然需要你全部的能量和注意力，然后，这种伤痛将被分解，最终消失。

那么到底什么是洞察力呢？在我们看来，当知识不再起作用，不带任何目的性和方向性的观察事物时，你才会拥有这种洞察力。洞察力不是来自持之以恒的调查、分析，或者日复一日的检验，它是在一切知识突然中止时对事物直截了当的观察。这种洞察力会使大脑中的记忆细胞发生本质的变化。

当你洞察了依恋这个词时，你会越过这个词的字面意思，不再下断言。与此相反，你会关注并且研究大脑是如何构造起依恋这个感觉的全过程。也只有当你不想抛弃这种感觉的时候你才能观察它。你所关注的必须是你所观察的，正是你所观察的事物创造了这种依恋的感情，然后从这种感情中脱身出来，试着改变，控制，塑造，否认，调整，跨越等。当你拥有这种洞察力时，你将从中收获智慧。

当一个人可以不用任何法则，不用非得给洞察力下一个结论时，这种持续的洞察就变成一种创造性的行为。当你拥有洞察力的时候，就能体验到思绪是如何渐渐放空的，而这种感觉实在是太美妙了。思考的时候是不会拥有洞察力的，只有当头脑不再在思维模式中机械运转时，这种洞察的能力才会出现。拥有洞察力，又不企图从中获得什么结论，这样你才能洞悉一切，并自发地行动起来。自由的心灵每分每秒都可以看穿一切，自由的心灵不会妄下结论，不会机械行事。只有深刻的见解，而不是结论，才是安全的。

洞察力不是记忆力，不是经过精打细算仔细研究之后得到的成果，不是先行记录然后根据记录行事，更不再是花费时间的思考。所谓洞察就是思维不受时间束缚的行动。

激情

与某人陷入爱河时，人们会满怀激情，这正是由爱情产生的化学反应。但我这里要说的激情是毫无来由的激情，是对万物，而不仅仅是对某些东西满含感情。但我们中的大多数人总是对某些特定的人、事、物才心怀热情，在我看来，我们需要非常清楚地看清这之间的区别。当你无须任何缘由就沉浸在激情的状态中时，就能享有真正的热情，这热情脱离了一切羁绊。但倘若激情的产生有了一个诱因，就会被牵扯，而这牵扯会成为悲伤的根源……当你为某物、某人、某个想法、某些想法的履行而产生热情时，这种热情反而会催生分歧、冲突，以及努力……我诚恳地希望你能听听我接下来要说的话：不要试着实现这种无须缘由的激情。如果我们可以带着一种轻松的心态认真聆听，这种心态来自对理解的渴望，而非源于那种墨守成规的专注，那么我认为我们就能为自己解答这种激情究竟是什么。我认为悲伤的终结同激情的强烈程度有关。当你完全放空之后，才有可能享受激情。

只有在我们称之为思想的东西完全放空之后，才可能享受激情。但激情和那些所谓的热情无关。并且仅当关乎“本我”“住宅”“财产”“祖国”“妻子”“孩子”之类的执念被抛诸脑后之时，激情才会产生。你可能会说：“这种激情并不值得拥有。”或许并不是这样。这种激情，只有在你真正想发现什么是悲伤，什么是真理，什么是上帝，什么是生存在这个丑陋与迷茫的世界的真谛时，才是值得拥有的。如果以上这些问题是你真正关注的，那么你肯定会带着热情走入它们——这意味着你不再受家庭的牵绊。你会有一座房子，一个家庭，但倘若你在心理上受到它们的牵绊，你就永远不能自我超越。

当你不再浪费能量的时候，你就会拥有激情。

对我们中的大多数来说，激情只同一件事有关——性爱；抑或是有关于痛苦得经历折磨，并试图化解这种苦难。但这里我所说的激情则关乎一种思维的境界，一种实实在在的存在，一种人心的本质——如果真的存在这种东西的话——这种激情非常强烈，这种激情也非常敏锐——就像是对灰尘、污秽、贫穷，对庞大的富有和腐朽，对树木、鸣禽、流水还有辉映着夜晚星空的水塘的敏锐。热烈强烈地感受这一切是非常必要的。因为如果没有这种激情，生命将会变得空虚，肤浅，毫无意义。倘若你不能欣赏到树木的美丽并爱上这棵树，倘若你不能发自内心地关照它，你就不能算是真正地活着。我们探讨的是毫无动机的激情。为了理解什么是真理，你必须充满激情。

经受折磨，而不是从折磨中逃开，就会为你带来激情。激情意味着完全抛弃“我”、自己、自我——因此激情是一种极大的朴素，一种美丽的朴素。若没有这种激情的内在品质，这种对悲伤的深刻理解的产物，我就不认为美好可以继续存在。

激情的头脑永远在探询，在寻找，在关注，在发问，而不仅仅是试着去发现，去缓解内心的不满，只有在激情所关注的事物中，它才能自我满足，然后安心休息……这种试图去发现、探询、寻找、理解的激情，只有在自我不复存在时，才会出现。

对真理的理解需要激情，需要热情，需要爆发性的能量，而不是一个经受了恐惧、规则，以及对那种培养起来的美德充满痛恨的思想。因为这些都是一个被驯服的头脑的片面的追求。当理解了激情，你就会全身心地沉浸其中。唯有当思想是激情澎湃的，是理解了自由之真意的，才能体会究竟何为无限量。

人们应该遭遇这种激情，这种激情并不是贪欲，也没有任何动机。这种激情真的存在吗？当悲伤终结时，它就会存在。

行为

如果我们认识到所有思考在解决问题时都是不充分的——不把这种认识视作一个逻辑上的结论，或者一句格言，而是一个真理，一个法则，思考之所以不足是因为思考本身仅是一个片段，也正是这些思想的片段创造了这个世界，又分化了这个世界。上述过程已经被我们见证，我们也同样意识到，我们即是这个世界，这个世界就是由我们所组成。基本上，无论你走到哪里，苦难、泪水、悲惨、迷茫、欲望、饥饿都会存在——这些是人性的温床。

我们就是这个世界，这个世界由我们组成。当你意识到思想，人类的思想，对解决关于生存、存在、联系、恐惧等等问题还力不从心时，将会发生什么？现在，你怎么看待这一事实？你会聪明地接受，还是把它看作是别人提出的一个理论而接受？你会提出一个抽象的概念，一个关于你就是世界、这个世界就是你以及思考是不够充分的一种理想化的陈述吗？你会适应这一事实吗？我们认为：适应它，关注他，像个珠宝一样把它捧在手心，别指示它去做什么，看着你手中的珠宝，然后让它告诉你该去做些什么。

但我们总是急于告诉它该去做什么。你意识到这一点了吗？一个故事，一出戏剧，这些都是被我们白纸黑字书写下来的，你无须告诉它们接下来该如何进行。因此，以同样的方式，你就会拥有最为不凡的珠宝——要意识到你就是这个世界，这个世界由你组成，而思考对解决人类关系的全部问题是远远力不从心的——要看到这一点，每天每分每秒都要记住这一点，然后你就会发现什么才是正确的行为。

学习

你什么时候学习呢？学习和了解是不同的，对吧？而积累知识也不等同于学习。当我学习之后，所学到的东西才变成知识，才会获得更多的知识。这种丰富知识的过程我们称之为学习，但这仅仅是知识的积累。我并不反对这种积累，但我想找出究竟什么才是学习的行为。只有不知道不懂的时候，我们才真正开始学习，当我不了解一件事时，我才会学习。

知识并不等同于学习。学习是一种积极的行为。而知识则是在过去的经历中积累到的，我们依靠过去所学到的知识生活，并对此感到满意……但学习意味着学而不止，并以一种积极的态度把握每分每秒。通过观察和倾听，理解和实干来学习，然后你就会了解学习是一种与过去毫无关系的永恒运动。

现在让我们来试着找找看是否有一种与众不同的学习行为，当然我们要找的并不是积累知识这种行为。请容我将两者分开赘述。人类首先拥有经验，经验中萌生知识，知识中催生记忆，对记忆的回应即为思考。然后持续思考，你会从中学到更多，最终使这个规律循环下去。这就是我们生活的模式，你们会发现这种不断重复的学习模式永远不能为我们解决问题，很明显我们没有解决问题……那么是否有另一种学习模式呢？不是从已有的知识中学习，而是以一种完全不同的形式——一种非积累性质的洞察行为。

以这种形式学习时，你是全神贯注的，绝不仅仅是知识的简单堆积。因此，你不会从判断、评估、谴责以及比较中积累知识。观察、注视、理解以及倾听都是这种学习的一部分。为了了解自己，你必须抛弃之前一切对自己的认识。

冥想

什么是冥想呢？由于确实不知道那是什么，我们还真不知道该如何开始研究这个问题。那么我们必须带着开放的思维处理它，对吧？我们必须带着一颗无拘无束地承认“我不知道”，而非喋喋不休地说着“我是如何沉思的”的头脑来研究这个问题。倘若你真想这么做——不仅仅是一味地按我说的办，而是随着我们研究的进程真正经历这些——那么你就会自己找到沉思的重要性。

截至目前，我们已经带着一种探讨怎样冥想，该遵循何等方法，如何呼吸，以及练习那种类型的瑜伽等等的态度来研究什么是冥想这一问题，因为我们认为自己知道什么是冥想，这些“如何”的问题最后肯定会指向某些答案。但我们真正懂得什么是冥想吗？反正我不知道，我认为你也一样。因此我们必须带着一颗坦率之心承认“我不知道”的头脑钻研这个问题，即使我们已读过成百上千本书，做过无数瑜伽训练。事实上你并不知道什么是冥想，你只是希冀、渴望、想要通过一种特定的行为以及训练模式来达到某一种状态。那种状态可能是完全虚幻的，可能仅仅是你的一个美好的愿望。可以肯定的是，这种状态是你生活的一个投影，是你对平日痛苦生活的反应。

因此我们首先要探讨的不是如何冥想，而是了解究竟何为冥想。为了达到这个目的，我们的大脑必须抛弃以前的知识——这一点相当难做到。我们是如此习惯于认为冥想必须遵循一种特定的方法——像祈祷一样反复诵读句子，做某些动作，冥想某种特定的短语或者画面，或者是均匀地呼吸，静止身体，完全控制思维等。以上这些方法我们都是非常熟悉的，而且人们也认为以上这些方法会给我们带来一种超越了思想，超越了短暂思考过程的某种境界。人们认为自己已经知道自己想要些什么，而我们只需要在这些不同的方式里面找出最好的那一种。

这种探讨“如何冥想”的方式是完全错误的。与之相反，我是否能发现究竟何为冥想？这才是我们真正该研究的问题。为了发现究竟何为冥想而去冥想是一种相当不凡的体验，那么就让我们试着找出答案吧。

可以肯定的是，冥想并不遵循任何特定的方式，对吧？我的头脑能彻底擦去那些传统的方式方法的痕迹么——这种痕迹不仅存在于美国，即使是擅长瑜伽冥想的印度，也不例外。这才是问题的重点，对吧？因为我确实不知道什么是冥想。我知道如何集中精力，如何控制自己，如何按照规则行事以及要做什么，但是我不知道这样做的结果会是什么。我只是被告知“如果你这么做，你最终会得到答案”，但由于我是个贪心的人，我把这些方法都试了试，而且一无所获。那么为了找出究竟什么是冥想，我是否可以抛弃这种对既定方法的需求呢？

对这一问题全心探求就是冥想，你觉得对吗？当我开始探索什么是冥想，而非如何冥想时，我就已经开始冥想了。当我开始试着自己找到何为冥想的答案时，我的头脑，而非我的知识，必须抛弃一切已知的东西。这意味着为了达到冥想的境界，我必须将我的欲望搁置一边。因为对达到这种境界的渴望正是试图寻找解决办法的根源和基础。我已经体验过平和、安宁的瞬间，拥有过身在物外的感受，现在我希望再次达到这种境界，使之成为我的一种永恒状态，那么我就会开始考虑“如何做到这一点”。我认为我已经知道其他的状态是什么样的，我所掌握的方法会引领我走向它们。但倘若我真的知道其他境界是什么样的，那之前所掌握的方法一定不是真实的，它仅是我内在欲望的一个缩影而已。

当我真正开始探索何为冥想时，我的头脑是理解那种渴望成功，渴望收获成果的欲望的，也正是因此才能摆脱这种欲望的控制。然后，我的思维才能放下一切权力职能。因为我们不知道什么是冥想，也没有人能告诉我们，我的思维处在一种“不了解”的状态，这思维中不包含任何方式方法，没有喋喋不休的祷告，没有不厌其烦的重复的句子，更不是全神贯注的——因为专注只不过是另一种形式的成就。精神专注于一种想法，希望能由此通过做排除、做暗示的训练进一步深入探讨这一想法时，就会又变成那种“知晓”的状态。所以如果我不再知晓的话，那么这些所有的杂念都必须抛弃。我不再带着目的追求结果地思考，也不会再有什么会引我走上歧途的那些积累知识的感觉。

那么当我这么做的时候，难道我还没有发现什么是冥想吗？在冥想中,不再有冲突、挣扎,不再有堆积感。这种状态不是暂时的,而是永恒的。所以，冥想是将思维的外壳完全剥离的过程，是对所有累积和成就的摒弃——这种感觉才是人类自身的本质。尝试各种各样的方法只会加强对“自我”的认知，而沉思则旨在完全展示本我。

如果你深入研究，你会发现，冥想永远不会变成习惯。因为习惯暗指向知识的累积，而当你开始积累的时候，就会变得不断要求更多，渴望积累更多。这种所谓的冥想固守在已知的世界里，除了作为一种自我催眠的方法，再无任何意义。

唯有当脑中通过意识以及自觉扫清了全部有关累积的感觉时，我们的思维才会真正意义上，而不仅仅是从字面上承认“我不知道”。因此当你积累知识，而非达到宁静安宁的境界时，冥想就将不复存在。只要我们的头脑还在不断累积，这种累积知识的渴望就更加强烈。这种对更多累积的渴望会开始寻求方法、技巧，以及大脑职权的建立——这些都是我们会用到的方式。而当头脑看到这一切的谬误时，才会处在“不了解”的永恒状态之中。只有这样的头脑才能接收到不可估量的、源自时空交错之时的真意。

第三章

无为而无不为

克里希那穆提对“何为行动”提出一种独特的见解——行动从无为中而来。本章主要内容就是介绍“无为”具体表现形式的三个例子。在这些例子之前是一段关于“观察”的文字，克里希那穆提强调，我们要意识到内在的心理过程和探索成果是我们每一个人都具有的，而意识到这一点对于避免以自我为中心和偏颇的自省来说也是非常必要的。这些例子之后是一些最后的思考。

观察

我们在观察自身时，不会孤立和限制自己，也不会变得以自我为中心——因为我们就是这个世界，这个世界就是由我们组成的。这是事实。当我们人类——无论是亚洲人、欧洲人，还是美洲人——审视我们意识和自身的全部内容时，我们其实是在研究整个人类群体。

所以，观察并不是一种以自我为中心的行为。这一点必须非常明确。我们在观察自身时，不会变得自私、越来越神经质或是偏颇。与此相反，当我们审视自己时，其实是在检视全人类的共同问题，检视人类面临的痛苦、冲突以及人们对自己和他人所做的一些可怕的事情。

实际上，我们就是这个世界，这个世界就是由我们组成的，明白这一点非常重要。或许我们表面上的生活习性和脾气性格各不相同，但从根本上来说，生活在这个不幸的世界上的所有人类都要经历迷茫、混乱、暴力、绝望和痛苦。

我们都有共同之处。

因此，我们在观察自我时，也在观察整个人类。我希望这一点已经说清楚了，希望大家不要像大多数人一样，去观察一些神经质的、偏颇的、自私的事情。

常问“是什么”

在发生巨大的危机时，思维会意识到任何形式的逃避都是未来的一种心理投射。我想知道的是，此时如果不采取任何行动，将会发生什么？发生危机的这个事实是不可改变的，思维能否只停留在这个不改变的事实上，而不离开它？

道理很简单。我生气、愤怒，因为我一生的时间都花在了某件事上，却发现有人背叛了我，因此我感到极为愤怒。这种愤怒全部都是能量。我并非根据这种能量采取行动，而是我全部的能量以生气和愤怒的形式表现出来。所以，此时不用解释原因，不用抨击别人，不用寻找借口，只需要坚持住……你看，此时我想要做的是弄明白一件事情。再比如我的儿子去世了，我不仅仅是沮丧，而且因丧子的悲痛而感到一种震惊。我的本能反应是逃离，是寻找理由，是据此去行动。现在，我意识到这样做是没有用的，于是不再做任何事情。我并不把这称为是绝望、悲伤或生气，而是明白这是事实——而非其他。其他的都不是事实。

现在，接下来将会发生什么呢？这是我想要弄明白的。如果你仍然处于你所称之绝望的状态而不自知，仍然没有任何思维活动，那会发生什么呢？……面对事实，我能否不抱有任何希望或感到绝望，而仅仅是说："我就是我"？我想，接下来会发生某种爆炸性的事情——如果我仍然能够坚持住……此时，我的儿子已经不在人世，这是不可改变的和不可逆转的事实。而且，我现在依然处于这种思维状态，这也是一个不可改变和不可逆转事实，两个事实不期而遇。那接下来会发生什么呢?

首先，我们看一下事实，看一下事情的来龙去脉。比如，我喜欢心理上的创伤。我喜欢这种创伤，紧抓不放，它给我一种安全感，有了它我可以有一种担心的感觉。我留意童年时代带给我的创伤，并顺其自然地发展，而非人为地将其发展，不拒绝，不控制，不溺爱，不紧抓不放。就让它顺其自然地发展，并看看将会发生什么……你可以维持这一假象，并顺其自然地发展，不是去说:“什么是假象，什么不是假象，我要怎样才能区分，带有假象是不是不好?”而是说:“是的，我知道到我在一种思维的假象中，并且完全是不真实的。”

看，这是真相。我困惑了。对于困惑的认识，要保持，而不是扭曲，不要试图超越，而是安静地困惑着……不要试图解决。静静地保持，让困惑本身告诉你，你是其中的一部分，要开朗，要敏感。困惑将得以解决，之后便是清晰明了。

思维可以维持这种现状么?这种现状是什么?请仔细听。这里所说的苦痛——是苦痛这个词语还是正在经历一种苦痛?是思维正在经受着苦痛，还是因为出现了苦痛这个词，思维才觉得苦痛呢?词和事实，是两回事。这时的苦痛是一个词还是事实呢?所以我必须论证思维是否被词语所局限。词语是逃避的一种可能。

所以我不得不去寻找，思维是否解脱于词语，脱离于词语之后将“是什么”，因为词语在我们生活中起着非常重要的作用——基督、德国、黑人、白人——听到这些词，你脑海中立刻出现对应的形象。那么，如果不是词语模仿着我们的感情，思维能保持对感觉的认识吗？当你这么做的时候，你有巨大的能量——这些能量是以前所未知的。当你拥有了这些能量，什么是苦痛？苦痛还存在吗？……当思维完全保持事实状态，而不是某个词的状态的时候，在出现面对巨大的伤痛不能逃避的事实的事实之后，出现狂怒。思维能够眼睁睁看着伤痛，而不说“我要回击，我要给自己建筑高墙以不再受伤”。——思维能够维持事实而不说一句话。你将发现，你有巨大的能量去超越。那时苦痛将不再存在。请尝试下这么做。

去保持“是什么”，不前进的状态是没有任何特征的。

对我而言重要的是不逃避，不努力，仅仅保持“是什么”。

人们试图保持讨厌、羡慕、嫉妒等情感的状态，以及恶意的渴望。因为，终究，那是你每天的生活，即使你想要生活在爱的温暖之中，或者与“爱”这个词为伴。当你有厌恶的情绪，有想用肢体或者语言伤害别人的意图时，你是否还能保持那种情感。你能吗？……你会发现，这出奇地难，你的思维不会让情感独立存在。会依据记忆、联想，做过或者没有做过的事情，持久地对话，不自觉地涌现。捡起一枚贝壳，你能做到仅是观赏它，感慨天公之作，而不去赞美它的美或者思考究竟是哪一种动物造就了它吗？你能仅是观察而不去思考吗？你能允许词语不足以表达情感，或是词语代替情感吗？如果你可以，你将发现更精彩的事情。一种不能用词语来衡量的活动，就好比春季不知道夏季的存在一样。

你做了一些事情。你觉得不安，这是事实。你处于这个事实之中。此时的你就好比一颗宝石，虽然不怎么优质，但终究是一颗宝石。当你处于这种状态的时候，这种状态滋长，展现，巧妙地表达内疚，且时而隐藏，好比花朵的盛开。

在我们同他人的关系中，我们时常依附于他人，我们依附并观察。我们能保持依附以及观察的状态么？我们让依附自我暴露……我们让观察本身说话，而不是让你观察它应该是什么。

保持恐惧意味着不逃避，也不去寻找原因，不需要理解或者超越。保持某种状便是如此，比如保持看月亮的状态——仅仅是看月亮。

当你开始无选择地意识到你的自身利益，并保持这种状态，研究、学习观察这种状态的复杂，那么你会发现，对你来说，什么是必须的，什么是完全没有必要的……大脑汇聚的想象、事物，包括上帝这个概念都是抽象的。观察、保持的状态阻碍着你，而事物本身又让你愉悦。

让思维处于恐惧的状态是否可能呢？我是说，保持这种状态去观察，并且不让思维影响我的观察。

当你贪婪，满怀嫉妒的时候，你和嫉妒又有什么区别？或者你就是嫉妒。当然，你就是这样。但当你和嫉妒之间有界限时，你会做这些事情，如控制、改变、屈服等。当你和那种状态之间有界限时，就会产生冲突。

但现状是你就是嫉妒。这是事实。你避免不了。你不能把自己从你的面庞、你的名字、你的银行账户、你的价值观、你的经验、你的知识中孤立出来。当你认识到这一事实，你不会将自己从你的感觉、欲望、追求或者恐惧中孤立出来，就没有冲突。因此，你处于这种状态，你不去改变，你就这样。你的这种状态就好像你手中有一枚珍贵的宝石，你看它，观赏它，玩味它，这就是一种释放，一种解脱。

若一个人完全沉浸于苦痛的状态，视这种状态为新生儿，把它放在心底，保持这种状态时，便是痛苦的终结。你会发现这是极难做到的，因为放弃是本能的反应。但如果你能保持，你就会发现有结果，非常悲痛的结果。这并不是说你变得麻木。

提出一些基本问题但不去寻找答案

我们习惯于思考时机，思考以后成为什么样的人之类的问题。当我们困惑、悲痛、无爱，满腹辛酸和挫败，但还是要不断努力挣扎着奋斗成为什么人的时候，我们说“我必须腾出时间解决这所有的一切”。但是我们从不扪心自问“我能立刻而不是最终才解决吗？”提出基本问题是必要的，但是从来没有人真正去寻找基本问题的答案，因为这些问题本没有答案。这些问题清晰而有深度，问题本身就是它的答案。自己学习到的和老师教授的构成了已知知识。那些成为总统，成为富人等的梦想构成了已知知识。受已知知识作用的思维除了不断向梦想靠近，还能做些什么呢？这些已知的活动能在没有任何动机的情况下结束吗？因此，即使存在动机，那也是已知的。

当然，已知领域的已知活动，使得大脑不会知道未知的东西。所以，已知运动能否结束？这本身就是一个问题。若你不试着去寻找答案，又不想“得到某个结果”而提出一个简单的问题，若这个问题对你来说是个基本问题，你很严肃地认真对待，那么你会发现已知知识的运动达到了终点。随着已知思维的停止，从已知活动中解脱出来，便进入了欣喜、愉悦的不可知，不可预测的状态。

你不得不去问一个问题并且不去寻找答案。因为答案会因你的状态而改变。为了改变现状，你必须问一个不去找答案的问题。

我觉得提出基本问题，且坚持提问并不去寻找答案非常重要。因为，你越是坚持提问、要求、质问此类问题，思维就会变得越发敏锐，敏感。自我证明的全部努力都是状态的结果，在这种状态下，思维能完全解脱出来么？若你不去寻找答案，且把问题留给自己，那么你将得到一个正确答案，这个答案不是可能或者不可能，而是完全不同的东西。

我们知道思维是机械的。那么下一个问题便是：怎样停止它？在提出问题时，思维再一次机械。我追求结果，恰巧手边有一个可行的方法，我就会想要加以利用。那么会发生什么事呢？“怎样”是对机械思维的回复，旧的回复……思维存在两种不同的状态，一种追随“怎么”，另一个调查却不寻求结果。调查的思维将帮助我们。你的思维当真在调查找出机械思维是否结束吗？它能吗？你有没有提出过这些问题？如果有，什么动机、意图或者目的？这些非常重要。如果你有动机地提出问题，那么你是想要得到一个你在乎的结果，你就回到了机械思维的过程。不带动机地提问才能发现真理。如果你调查，你将发现你的思维不是在寻找结果，而是在等待答案。它不是在思考答案，不是要求，不是希望答案，而是在等待答案。

听着，我给你提了个问题。你的反应是什么？你的第一反应是去思考，去判断，去观察，去找出一个机智的答案。那么，你不是在回答，你是在回复，在行动。换句话说，你是在寻找答案。如果你不想等待，试图寻找问题的答案的话，你所找到的只能是机械的回复。等待答案的思维是非机械状态的，因为答案是未知的——已知的答案都是机械的。但如果你直面问题并等待答案，你将发现，自己的思维会处在一种完全不同的状态之中。等待比答案本身更重要。

思维不再机械，而是采取了一种全然不同的方式，这种不同在于变被动为主动。

思想累积知识。受思想的控制，才会感到悲伤——这样的思维并不敏感，不想探索，不想发问，也不会提要求。提出问题，却又不寻求答案，对思维来说是件不可思议的事情，因为问题，思维拆掉了围墙，推开了面向外界的门窗。因而，通过这些问题，通过观察、聆听，你的思维会变得极其敏感。

对于基本问题，没有绝对的“是”或者“否”的回答。问题的提出本身是重点而非答案，若我们能够不去寻找答案而去观察问题，那么这种观察将会带来一种理解。

某种提问只关注问题本身，不寻求答案，这种提问打开了一扇智慧之窗，你可以发现、审视、观察、聆听。

如果你提出想要答案的问题，你可能会找到答案，但如果你因想得到答案而提出一个问题，答案将视你的状态而定。

我们是否有可能生活在一个复杂却又不存在冲突的阴影的世界里？你只要把这个问题用心去想一想，记在脑子里，看看发生了什么即可。

未知之美

出于对死亡的恐惧，我们去看医生，试用新的治疗方法、新的药物，这样做，或许我们能多活二十年乃至三十年。但死亡依然不可避免。在这一问题上，你仅仅需要面对而不是思考它，你的思维需要摒弃过去，或者停留在未知的状态。在思考希望或者绝望的时候，你就会再一次进入时间与恐惧的怪圈。死亡所带来的奇特体验，不是指因疾病、药物或者事故致使人昏迷，或者思维迟缓、愚笨，而是指一个人对充满生命力和理性认知的往昔的无动于衷——毋庸置疑，这一切造就了未知状态的思维和一种冥想。

若你被问了一个问题，对于这个问题你一无所知且没有任何相关的记忆。倘若你能诚实地回答你不知道，那么这个未知的状态即是调查真实未知的第一步，所以若我知道真相，且确实撇开答案，那时思维又是何种状态？当“我不知道上帝是否真的存在，是否真的有爱”的问题提出时，思维是怎样的一种状态？那是没有任何记忆可以回复的问题。思维说“我不知道”的时候,并不是一种否定的回答,思维完全停止了搜索，停止了任何运动。因而它不知道。通往思维所谓的未知,已知之外的活动，仅是已知知识的一个映射。所以思维的这种“我不知道”的状态，是一种可以挖掘任何东西的状态，一个大脑充斥着信息和百科全书般知识的人说“我不知道”时，他的思想还能积累么？对他来说这将是非常困难的。当思想撇开它掌握的一切知识时，当思想不认可佛教、基督、大师、教师、宗教、座右铭时，当思想完全独立、未被污染时，就意味着，已知活动达到了终点，只有在那时，才有可能产生基本的改变或是巨大的变革。

只有当思维能够停留在未知的状态，不受言语的局限，而是关注事实，才能发现现实。但是那种状态又是非常罕见的，因为我们总是羞于未知。知识给予我们力量，彰显着自身的重要性，还为我们提供自我活跃的平台。思维不是召唤记忆深处未曾出现的知识，清空对过去的认知，无视积累过程中的认识——而是一种思维，能维持未知状态的思维，一旦一无所求，人的思维将无限拓展，无欲无求，不可估量的思维也会随即产生。

什么是爱？你不知道。这就是对爱的无知吗？

未知状态下的思维是自由的思维，已知状态的思维则受了刑。思维能说“我不知道”吗？这样做无异于终结往昔时光，禁锢了知识的传承。

我不反对知识的积累，但是我们得试图找出学习这种行为是什么。仅当思维处于无知状态的时候，才是学习。当我不知道的时候，我才会学习。

思维可以从已知、过去、传统知识中解脱出来吗？如果它可以，它是处于未知状态的吗？从已知状态中解脱出来的思维可以理解或经历未知的死亡吗？

当思维充满未知——不是对安全方面的未知——而是处于未知状态，又不试图寻找答案时，这样的思维能否挣脱束缚，实现自我救赎呢？事实上，它是可以做到的。总之，一旦某人的思维被旧有的、有利可图的、恐惧的以及在寻求安全感的过程中产生的隐藏着的欲望所禁锢时，就永远无法发现新的知识。

关于经常讨论的问题

只有当未知深入你的身心的时候，你才会停止对死亡的恐惧。生命的未知正如死亡的未知、真理的未知一样。

内在越深入，表象越容易理解。你对表象了解得越多——不是指类似从这里到月球的距离或者技术类知识这类问题的表象，而是存在着的社会活动、民族运动、战争、厌恶的表象——当你理解表象的时候，你便能更深入地理解内在，内在的深度没有任何局限性。

我理解了自身，我理解了你，于是出于理解而建立了爱情。

当思维看到什么是虚假的，它就将之完全弃在了一旁，但是它并不知道什么是真相。如果你已经知道什么是真相，那么你只不过是用你认为虚假的东西换成了你想象的真相。如果你知道会得到回报，那么你就不会放弃。只有当你不知道会发生什么时，你才会放弃。

当整个思维，包括大脑，将已知清空的时候，你就总是会在必要的时候，且只在活动的时候，从无所知道的状态中，从摆脱了已知的思维中利用已知。

当你不知道上帝是谁的时候，才存在上帝。

那个不好的结局是善意的。

成为某人是变化不定的，保持无知的无变化状态，会让人一无所获，却能够带来安稳。

想要明天的自由，必须从现在就积极地生活。

让思维不去思考的想法，是大智慧。

已知的自由，只有在一个人观察了已知领域思维工作的全过程才会发生。

当没有孤独的时候，当自给自足，没有附属关系的时候会发生什么？我爱你，你可能不爱我。我爱你——那很好。我不想你回答“你爱我”，我不在意。就好像花朵，它在那里是供你观赏、品味，而花朵不会说“爱我”——它一直都在那里。因而，同样的道理，处在这种有一定的深度与充足的美的自给自足的状态——就没有孤独，没有野心，才有真爱。因而，爱跟本能有关。你如果想得到它，它便存在。你如果不想得到它，也没有关系，它的美好依然存在。

我如果爱我的妻子，就必须爱每一个人。真爱的时候，愉悦、性等等都有了不同的品质。

只有在你不在乎的时候，你才能了解自己。当你不计较、不保护、不经常监督时，你才会去改变、去克制、去控制自己。当你看到了不想看到的自己时，说明思维对自己没有预先的认识，思维是开放的，思维并没有准备好迎接未知。

附录

克里希那穆提去世后，印度、美国以及英国的一些学校致力于将他的方法应用在教育当中。

英国的布洛克伍德庄园学校是一所寄宿制国际合作学校，为 14—24 岁的学生提供中级和高级教育。

克里希那穆提学习中心接受成年学生，教学主要包括一日教学、周末教学和一周教学，内容以克里希那穆提的作品为主。

克里希那穆提信托基金会保留了克里希那穆提的大量作品，并致力于出版书籍和音像制品。

下面是以上三个机构的通信地址：

英格兰汉普郡 SO24 0LQ 布兰丁布洛克伍德庄园。

以上这些机构的其他联系方式如下：

布洛克伍德庄园学校

电话：(0) 1962 771 744

传真：(0) 1962 117 875

电子邮件：admin@brockwood.org.uk

克里希那穆提学习中心

电话：(0) 1962 771 748

电子邮件：kcentre@brockwood.org.uk

克里希那穆提信托基金会

电话：(0) 1962 117 525

传真：(0) 1962 771 159

电子邮件：kft@brockwood.org.uk